ぜんぶ無意識のせい。

こんがらがった人生をシンプルな線にする知のレシピ

シンプリィライフ 著

KADOKAWA

はじめに

「あなたの人生は、あなたの思い通りになっている」

こう聞くと「そんなはずない……」と思うかもしれません。

私たちは日々の生活の中で、「人生は思い通りにならない」と感じる瞬間にたびたび直面しています。

仕事や人間関係、お金の問題、社会のルールや他者からの期待。

私たちを試すかのように立ちはだかるたくさんの課題は、私たちの「自由」を奪っているように感じられます。

でも、もしこの「思い通りにならないと感じている現実」そのものが、実はあなた自身の「心」が創り出しているとしたらどうでしょうか?

はじめまして。シンプリィライフと申します。

はじめに

私はこれまで脳科学・心理学・量子力学・仏教、そして古今東西の様々な哲学について学び、ＹｏｕＴｕｂｅで情報発信をしてきました。

日常に活かせる知恵を収集し、先人たちの知識をつなぎ合わせる作業を繰り返すことで辿り着いた結論は、

「現実はすべて心が生み出している」

ということ。そしてさらに驚くべきことに、私たちを動かしているのは、私たちの意識や意志ではなく、「無意識」だということです。


どのように、あなたの無意識が現実を創っているのか？

なぜ、人生は「思い」の力で変えられるのか？

そして、どうすれば無意識を味方につけ、成功を手に入れられるのか？


これらの問いに答えるのが、本書の目的です。


私自身、かつては「思い通りにならない人生」を生きていました。

安定した仕事、家庭、マイホーム――一見すると何の不自由もない人生でしたが、心の中はいつも不安と虚無感で満ちていました。

そして気づけば、すべてを失い、大切な人を傷つけ、人生のどん底へと落ちていました。

そのどん底から這《は》い上がるきっかけとなったのは、本でした。

私は２０１６年に脱サラ起業に失敗し、借金を抱えたまま無収入状態となり、知人の経営する古本屋でアルバイトから人生をやり直すことになりました。当時は、毎月生活費の引き落とし日が来るたび、銀行口座の残高は数万円。先の見えない不安と恐怖の中で生きていました。

ですが、その古本屋での日々が、人生の大きな転換点となります。

倉庫には日々3万冊もの本が出入りし、ところ狭しと並ぶ棚に隙間なく美しく詰められている多種多様な本。

アルバイトをしながら、１００万冊近い本の中に存在している自分が、まるで「本の宇宙」を漂っているように感じたのを覚えています。

そして、本を開けば、その中にも宇宙があったのです。

その古本屋の創業者の「本を紹介するYouTubeをやってみたら？」という何気ない一言が、新しい人生への入り口となりました。私が圧倒された「本の宇宙」を構成している1冊1冊の中には、さらに広大な「知の宇宙」が広がっていたのです。

いつしかその広がりに魅了され、漂い、その中で点と点をつなぎ合わせる作業に夢中になっていました。

そして私は、これから本書でお話しする驚きの世界観を自分の中にインストールすることに成功します。これにより、自分の心の中にある思い込みや固定観念に自然と気づくようになり、現実が勝手に変わっていく様子を目の当たりにするようになったのです。

その結果、人生は劇的に好転しました。現在は、YouTubeチャンネル「シンプリィライフ」を通じて、先人たちがこの世界に残した思いと、私自身が実践してきた「人生を変える知識」を発信しています。

おかげさまで登録者数は15万人を超え、多くの方々とともに「心が現実を創る」というメカニズムを理解し、日々実践しています。

本書はスピリチュアル本でも、単なる自己啓発の本でもありません。

科学的・論理的な視点をもとに、無意識が現実を創る仕組みを解説し、その力の活用法を具体的な方法論としてお伝えする、人生を根本から変える可能性を秘めたガイドブックです。


私自身、この世界観をインストールし実践することで人生が大きく変わりました。本書を読むことで、あなたにも同じことが起きます。いやむしろ、それ以上のことが可能です。


「仕事や人間関係がうまくいかない」

「未来が不安で仕方がない」

「もっと自由に、自分らしく生きたい」


もしあなたがこうした悩みを抱えているなら、本書はきっと新しい視点を提供するでしょう。

そしてそれが、あなたの人生を変える第一歩となるはずです。

はじめに

この本は、あなたを新しい旅へと誘います。
これは、無意識という深い世界を探求する旅であり、あなた自身の可能性を再発見する旅でもあります。
その旅の中で、あなたは「ほんとうの自由」と出会い、自分自身を解放していくことになるでしょう。

それでは、人生を変える第一歩を一緒に踏み出しましょう！

シンプリィライフ

目次

第3章／「決定された人生」から自由になる

第4章／未来とは「いま」である

デザイン／松山千尋　DTP／NOAH　イラスト／madoi☆
校正／麦秋アートセンター　編集／高見葉子（KADOKAWA）

第1章

心が現実を創っている

現実は脳が創り出した「幻」？

今日あなたに起きたこと、これから起きることは、果たして「現実」でしょうか？

会社でうっかりミスをしたら、上司に理詰めで迫られ怒鳴られた。

ママ友にホームパーティーに誘われ、断ったら保育園で無視された。

そして、いまこの瞬間、あなたが見ている景色、聞こえる音、感じる温度、そのすべてが紛れもない現実だと思っていませんか？

でも、ちょっと待ってください。もしかしたら、**私たちが現実だと思い込んでいるものは、実は脳が巧妙に創り出した幻想**かもしれないのです。

「何をバカなことを言っているんだ？」と思いますよね……。

でもこれは、決して怪しげな話ではありません。現代の科学が明らかにしてきた、れっきとした事実に基づく話なんです。

脳の基本的な仕組みを理解することは、私たちが**現実と呼んでいるものの本質**を知る上で非常に重要です。

ということでまずは、私たちの脳がどのように外の世界を認識しているのか、その仕組みから見ていきましょう。

神経科学者であり起業家のジェフ・ホーキンスは、著書『脳は世界をどう見ているのか　知能の謎を解く「1000の脳」理論』（早川書房）の中で、驚くべき主張をしています。

「光や音や感触のような最も基本的な感覚でさえ、脳の創作物であり、脳の世界モデルにしか存在しない」

「私たちが鑑賞する世界は現実世界のシミュレーションなのだ」

つまり、私たちが「実際に知覚するものはすべて、**脳内ででっち上げら**

世界モデル…外界（世界）から得られる観測情報に基づき、外界の構造を学習によってモデル化したもの。人間の脳は観察や経験から「常識」を学び、身の回りの世界のイメージを模型のように再現し、想像の中で未来予測をシミュレートして生活している。

れている」といっているのです。

脳には「古い脳」の上に、知能を司る「新しい脳」、つまり新皮質が加わっています。この新皮質の中に、約15万個の「皮質コラム」があり、さらにその中には数百の「ミニコラム」があります。

そしてミニコラムはそれぞれ100あまりの「ニューロン」で構成されており、この複雑な構造が、私たちの知能の源です。

新皮質には、**生まれてからいままでに学んだことや経験したことなど、膨大な情報が記録**されています。たとえばホッチキスの使い方、食器の洗い方、パソコンの操作方法など、日常生活のあらゆる情報がここに蓄積されているのです。

私たちが「現実」と呼ぶものは、実は**脳が受け取った電気信号を解釈したもの**にすぎません。視覚や聴覚、触覚など、五感からの情報はすべて電気信号として脳に送られ、脳は頭蓋骨という暗い箱の中で、それらを統合して「世界モデル」を創り出しているのです。

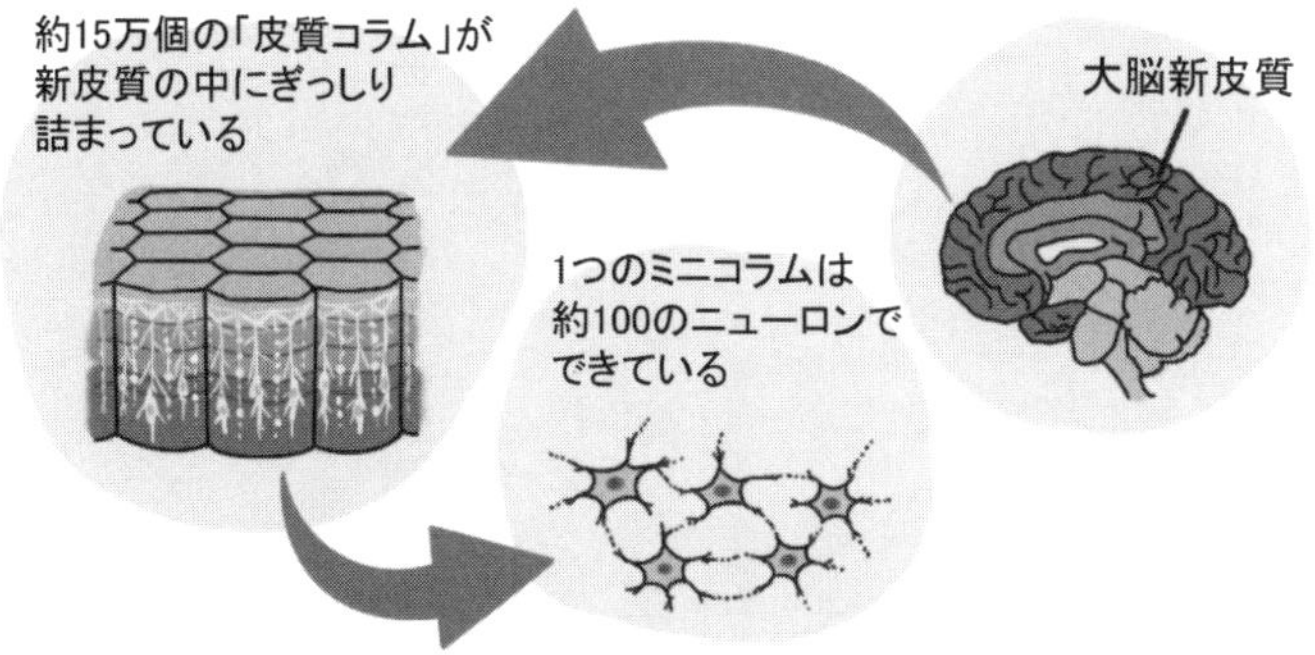
約15万個の「皮質コラム」が
新皮質の中にぎっしり
詰まっている
大脳新皮質
1つのミニコラムは
約100のニューロンで
できている

「新皮質」には、生まれてからいままでに学んだことや知ったことなどの
膨大な情報が記録されている

そして、脳は**未来を予測する装置**でもあります。

たとえば、パソコンのマウスを右に動かしたとき、画面のカーソルが逆に動いたら違和感を覚えますよね。これは、脳が「次に起こること」を予測しており、現実とのズレを感じたためです。同じように、私たちが感じる「世界」も、脳が過去の経験をもとに構築し続けているものなのです。

しかし、この世界モデルは完璧ではなく、ときにエラーを起こします。

世界モデルのエラーとしてよく知られている現象には、たとえば「幻《げん》肢《し》」現象がある。事故や病気で手を失った人が、「ないはずの指が痛む」と感じることがあり、これは、脳が「かつて存在した手」の感覚を再現してしまうため。脳にとって、過去の情報も現実の一部なのだ。

では、あなたがいま感じている「現実」は、**本当にそこにあるのでしょうか？**

ちょっとした実験をしてみましょう。目をつぶって、両手をゆっくり握りしめてください。そして10秒後、一気に開く。

その瞬間、まだ手のひらに圧を感じませんか？

これは、脳が「手を握っていた」という感覚を保持し続けているからです。私たちは、**目の前にある世界をそのまま見て感じているのではなく、脳が創った映像・感覚を体験している**のです。

この考え方は、古今東西の哲学者や科学者たちによっても論じられてきました。

「でも、私はリンゴを手に取ることができるし、噛めばシャキシャキと音がするし、甘酸っぱい味がする。これが現実でしょ？」

そう思いますよね。

アインシュタインは「現実は幻想にすぎない」と述べ、近年ではマサチューセッツ工科大学出身のリズワン・バーク博士が「私たちは超高度なシミュレーションの中にいる可能性がある」と提唱。コロンビア大学のデビッド・キッピング博士は、「物理世界かシミュレーション世界か、その確率は50対50である」と試算した。

さらに遡《さかのぼ》れば、東洋では荘子の「胡蝶の夢」、西洋ではプラトンの「洞窟の比喩」など、古代から人々は現実の本質について深い洞察を持っていた。

脳が現実を創り出す
脳に直接
電気信号を送る

しかし、もしあなたの脳に直接電気信号を送り、「リンゴを食べている」と錯覚させることができたら？

実際、実業家のイーロン・マスクが手掛ける「ニューラリンク」は、脳に電極を埋め込み、直接信号を送る技術を開発中です。これが進めば、実際にはそこに何も存在しないのに、脳に直接電気信号を送ることで現実としか思えない仮想現実を創ることも可能です。

これは夢物語ではなく、実現可能なところまで脳の研究と技術が進んでいるのです。

他にも、たとえば不味いものを食べているのにふわふわの美味しいパンケーキを食べているような錯覚をさせたり、VRゴーグルなしに映画『マトリックス』のような世界を実現することができたり、手足が不自由な人がメタバース上で現実としか思えないような感覚で世界中を旅行できるようになる可能性がある。

情報が世界を創っているという衝撃

「え、もう発車してる？」と思ったら、実は隣の電車が動いていただけだった。

こんな経験はありませんか？

これは「ベクション」と呼ばれる、視覚情報によって脳が「自分が動いている」と錯覚する現象。いま流行りのＶＲには欠かせない要素です。

かつては「地球の周りを太陽が回っている」と信じられていました。ガリレオが「地球が回っている」と主張しても、人々は受け入れなかったのに、いまでは、私たちは地球が自転しながら秒速30㎞で太陽の周りを回っていると信じています。

実感はないのにもかかわらずです。

ベクション…実際には静止している観察者が、視覚情報によって自分自身が移動しているかのように感じる現象。地動説は人類最大規模のベクションの発見だったという人もいる。

ベクション

走り出したと思ったら、
反対方向の電車が動いた
だけだった…

視覚刺激によって引き起こされる、錯覚的な移動感覚

これは、情報が私たちの「世界」を創っている証拠のひとつではないでしょうか？

この考え方は、現代哲学や物理学でも注目されています。

現代哲学の第一人者、マルクス・ガブリエルは「なんらかの場に立ち現れた情報は、実在する」と述べ、天才物理学者ジョン・ホイーラーは晩年「すべては情報である」という結論に達しました。

さらに、「宇宙のすべては、情報がホログラムのように投影されたものではないか」という仮説も

ガブリエルは「その場は、多くの人が『現実』と呼ぶ物理的な空間であっても、脳の中、空想であっても構わない」といっている。

提唱されています。

理論物理学者・大栗博司さんの研究チームは、この「ホログラフィー原理」に数学的な裏付けを与えました。

もしかしたら、**私たちが体験している「現実」も、実は情報の集積でしかない**のかもしれないのです。

そして実は日常でも、情報が世界を創る瞬間を私たちは経験しています。

同じ映画を見ても、感想が違う。
同じ風景を見ても、受け取り方が違う。
同じリンゴを見ても、「美味しそう」と思う人もいれば、「アレルギーがあるから危険」と感じる人もいる。

これはそれぞれの脳が、過去の経験や価値観と照らし合わせ、情報を解釈しているからです。また、人は自分の信じたいことを信じるための情報

私たちが存在している宇宙の外側に、この現実世界を投影している「情報」があるかもしれない。そんな驚きの可能性が科学的に示唆されている。

確証バイアス…自分の解釈や信念に合う情報だけを重視し、それに反する事実を無視してしまう心理的傾向。私たちは無意識のうちに、自分の「物語」を補強する記憶を選択的に思い出しがちなのだ。

を集める「確証バイアス」という傾向性も持っている。つまり、私たちは「世界そのもの」を見ているのではなく、**脳が創った「解釈された世界」を見ている**のです。

さらに、質問です。あなたが見ている「赤」と、私が見ている「赤」は、本当に同じでしょうか？

実は、私たちの脳が感じている「色」や「味」の感覚は、他者と完全に一致しているとは限りません。脳科学・哲学では、こうした個々の主観的な体験を「クオリア」と呼びます。

つまり、私たちの認識は、単に目の前の情報だけでなく、その人の経験や価値観、感覚的な印象（クオリア）、さらにはそのときの気分にも影響されているのです。

このように、私たちの脳は日々、膨大な情報を処理して「世界」を創り出しています。でもそれは、あくまで自分の中の「世界」。

だから、**人それぞれが少しずつ違う「世界」を生きている**ともいえます。

他者も環境も「私」を映す鏡

「なぜ、同じ失敗を繰り返すのか？」
「なぜ、周りの人を冷たく感じるのか？」
「なぜ、望まない現実が続くのか？」

以前の私は、その原因を外側に求めていました。
でも、あるとき気づいたのです。

外側で起こる出来事は、私の心が映し出しているのではないか？

前述した通り、世界は情報でできており、私たちは脳が創った「解釈された世界」を見ているのなら、そして、心は脳の活動であるならば、私たちを取り巻く他者や環境は、私たちの心が映し出しているといえるのではないでしょうか？

私にとって衝撃的な気づきとなったのが、野口嘉則さんの著書『完全版 鏡の法則』（サンマーク出版）でした。この本の核心は、「私たちが経験する現実は、心の反映である」というもの。

簡単にいえば、自分の「心の状態」が**他者を通じて映し出される**現象であるということ。

たとえば、あなたが誰かを「信頼できない」と疑うとき、そこにいるのは本当に「信頼できない人」なのでしょうか？

それとも、あなたが「人を信じることに不安を感じている」のでしょうか？

また、「この会社はダメだ」「上司が無能だ」と不満を抱く人がいる一方で、同じ職場でも「素晴らしい仲間に恵まれている」と感謝する人がいる。

同じ環境なのに、まったく違う世界が広がるのはなぜでしょう？

それは、心の状態がその人の見ている「現実」

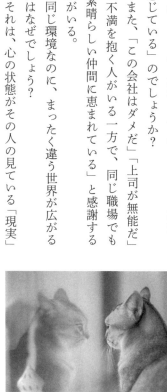

現実は心の投影

を創っているからです。

不満を抱えている人は、周囲の言動を否定的に解釈し、さらに不満が募る。感謝している人は、些細なことにも喜びを感じ、幸せな出来事を引き寄せる。これは、日常のあらゆる場面に当てはまります。

私たちの人生には、私たちの心が映し出されています。人生を変える鍵は「心」なのです。

これは確固たる法則であり、だからこそ心を整えることで、環境も、そして人生そのものも変えていけるのです。

「あの人はかわいそう」と思うとき、それは「自分がそういう状況に陥ったら、かわいそうだ」と思っている自分がいるということ。

「他人に対する姿勢は、自分が自分自身にどう向き合うかであり、自分が自分自身に向き合う姿勢は、他人にどう向き合うかである」ということ。

環境も同じで、「今日は最悪な日だ」と思うと、空はどんより曇って見え、道行く人の顔も険しく感じる。逆に「今日は素晴らしい日になる」と思っていると、同じ景色も美しく見え、思わぬ幸運に出会うことさえある。

じゃあ「心」って何？

ここまでの話をめちゃくちゃシンプルにまとめると、

「現実世界は脳と情報が創り出した幻」

「心がこの現実世界を創り出している」


となります。これを知ったとき、私はけっこうな絶望を感じました。

「脳が創り出した幻想の中で生きているなんて、なんて空しいのだろう。自分という存在も、ただの幻なのか……？」

そんな虚無感から抜け出そうと、「じゃあ好きなことをして楽しめばいい」と開き直ってみたものの、それでも心は満たされませんでした。

むしろ「人生はただのゲームなんだ」という感覚に陥り、さらなる空しさが押し寄せてきたのです。

そんな時期に、私は人間関係や仕事に疲れ果て、知り合いがまったくいない土地へ移り住みました。そこでひとりきりの時間を過ごし、ときには旅に出て、大自然の中で星空を眺めたりもしました。

不思議なことに、何もないはずのその日々に、確かな幸せを感じ始めました。けれど、またしばらくすると、人とつながりたいという気持ちが湧いてきました。

そして気づいたのです。この世界が幻想だとしても、こんなにも美しい世界を映し出せる脳は素晴らしい。

情報を受け取ることができる五感も、身体で感じる感動も、人とのつながりから生まれる温かさも、すべてが愛おしいものなのだと。

「それらは確かな感動を伴う体験として、私の中に存在している」

そう感じられるようになってから、この世界がシミュレーションだとしても、もう空しさは感じなくなりました。

感動を伴うものであれば、それは私にとっての紛れもないリアル。そのリアルを、その感動的な体験を生み出しているのは、私の「心」なのだ。

でも、待てよ。じゃあその「心」って何？

「生きている」と感じたり「生きたい」と感じたりする、この心。

私のこの身体とは別のところにあるような感じがする、この心。

「心」って、一体何なの？　どこにあるの？

古来、人類は「自分の思いや考えはどこから生まれるのか」「心はどこにあるのか」と問い続けてきました。

いまでも私たちは日常的に「心が痛む」「心が躍る」「心を込める」といった表現を使います。

でも、「心とは何か？」と問われると、誰も明確に答えられない。

現時点では、脳科学・心理学・物理学の知見を総動員しても、「心」の正体は完全には解明できていません。

「心はＡＩにはなくて人間にだけある特別なもの」という意見もありますが、そもそも「心」の定義すらはっきりしない以上、それも確証はない。


なぜ、「心」はこれほどまでに説明が難しいのでしょうか？

科学的に見る「心」、心理学から見る「心」

「心」の謎に、科学はどこまで迫れるのか？

この問いに真正面から向き合った本があります。作家の橘玲《たちばなあきら》さんの『スピリチュアルズ「わたし」の謎』（幻冬舎）です。

特に注目すべきは、橘さんが提示した「心」についての3つの原則です。

以下、本書からの引用です。

①こころは脳の活動である。

こころを脳の物理的な構造や変化とは別のところで議論することはできない。心理学の主張は脳科学によって検証され、最終的には脳の活動として説明されなければならない。

同書の特徴は、目に見えない神秘的な「スピリチュアル」という概念を、徹底的に科学の眼で解き明かそうとしたこと。そして、その過程で「心」という捉えどころのない存在の輪郭を、驚くほど鮮明に描き出している。

②こころは遺伝の影響を受けている。

一卵性双生児と二卵性双生児の比較などから遺伝率を推計する行動遺伝学によれば、身長や体重、外見だけでなく、パーソナリティの遺伝率も50%かそれ以上になる。性格・知能から子どもの成長、発達障がいや精神疾患まで、こころについてのすべての議論は行動遺伝学の頑健な知見と整合的でなければならない。

③こころは進化の適応である。

自然淘汰の圧力は身体だけでなくこころ（脳）にも及んでいる。脳が進化の産物である以上、喜怒哀楽などの感情はもちろん、ヒトの選択や行動、さらには社会の構造まで、「利己的な遺伝子」の強い影響を受けているはずだ。こころだけでなく、人間や社会についてのすべての主張は、進化論によって基礎づけられていなければならない。

そして科学に基づくこの原則をベースに、その深層にあるものを知るこ

とで、より深い理解につながります。

その扉を開く手がかりとなるのが、心理学者・河合隼雄さんが紹介したスイスの心理学者カール・ユングの洞察です。

彼の著書『無意識の構造』（中公新書）には、心の本質を探る上で重要な概念が語られています。


それが、ユングが提唱した**「自我」と「自己」**という考え方です。


ユングによれば、「自我」とは、意識的な私のこと。五感を通じて世界を認識し、感情や欲望を感じ、記憶や意思決定を担う領域。自我は、外の現実と内なる欲望の間で折り合いをつけ、矛盾のない「私」という存在を守り続けています。

しかし、私たちの心はそれだけでは説明できません。河合さんは、興味深い事例を紹介しています。

ある女性が夫の浮気を知らされたときのお話。彼女の心の中では、激しい葛藤が起きていました。


京都大学名誉教授、文化功労者である河合隼雄さんは、日本人で初めてスイスのユング研究所で分析家の資格を取得し、分析心理学を日本に広めた先駆者。

「こんな人とは即離婚！」という怒りと、「子どもたちのために耐えたほうがいいのかも……」という冷静な判断。そして彼女は「浮気を黙認し辛抱したほうが得だ」という判断をしたのですが……なんと、その瞬間から浮気の事実自体をすっかり忘れてしまったのです。

なぜ彼女は、こんなにも都合よく事実を忘れたのでしょうか？

自我には「人格の安定を守る」という重要な役割があります。彼女のケースでは、怒りを抱えたままでは「耐える」という判断と矛盾してしまう。だから自我は「よし、この怒りは無意識の中に追いやってしまおう！」と、まるで記憶を削除するように、浮気の事実も含めて全部忘れてしまったのです。

しかし、この話には続きがあります。彼女はその後、突然耳が聞こえなくなってしまいました。

自我が安定を保とうとするのに、それを壊すような症状が現れる。

それはまるで、「本当の問題に気づいて！」という心の深層からのメッセージのようでした。

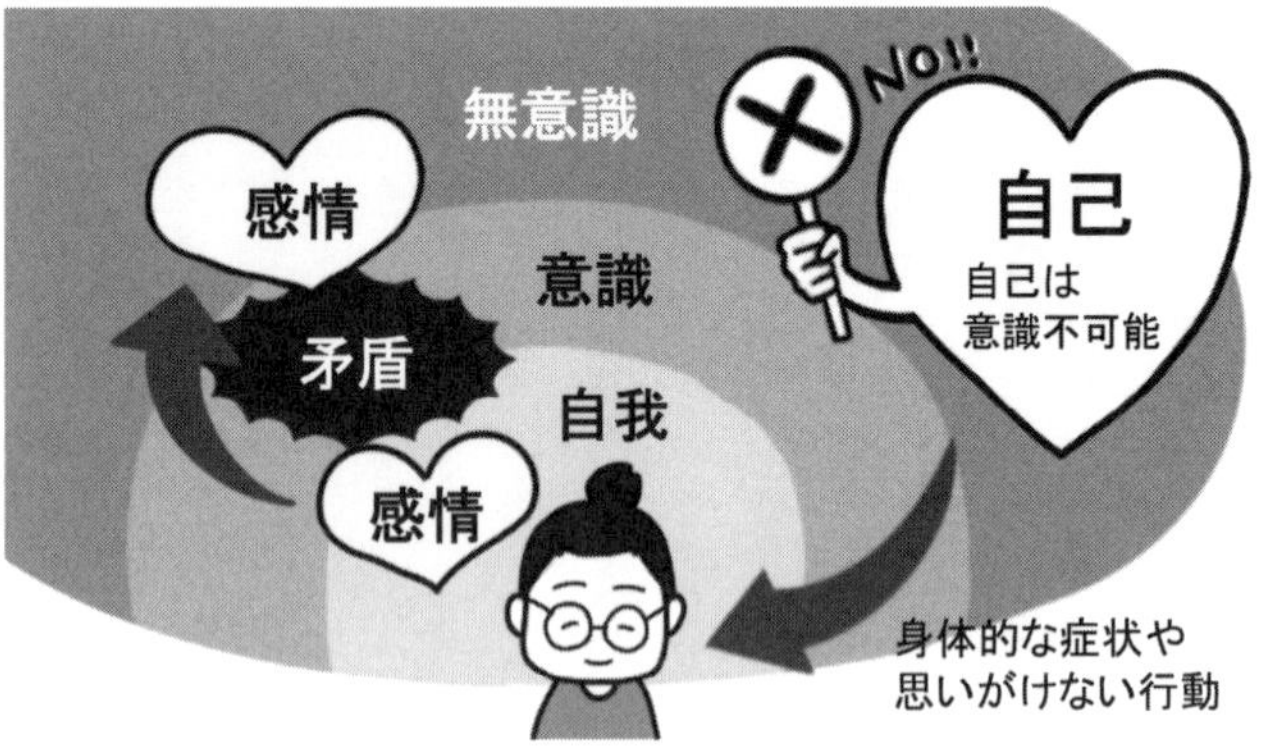

ユングはこのような現象に深い関心を持って研究を重ね、次の結論に至ります。

「人間の心には、自我の安定を超えて、もっと大切なものを目指そうとする力が存在する」

その力の源こそが、意識と無意識を含めた「心の全体性」であり、ユングはそれを「自己」と名付け次のように定義しています。

「自己とは、心の全体性であり、その中心でもある。それは自我と同一ではなく、大きな円が小さな円を包含するように、自我を含んだ存在である」

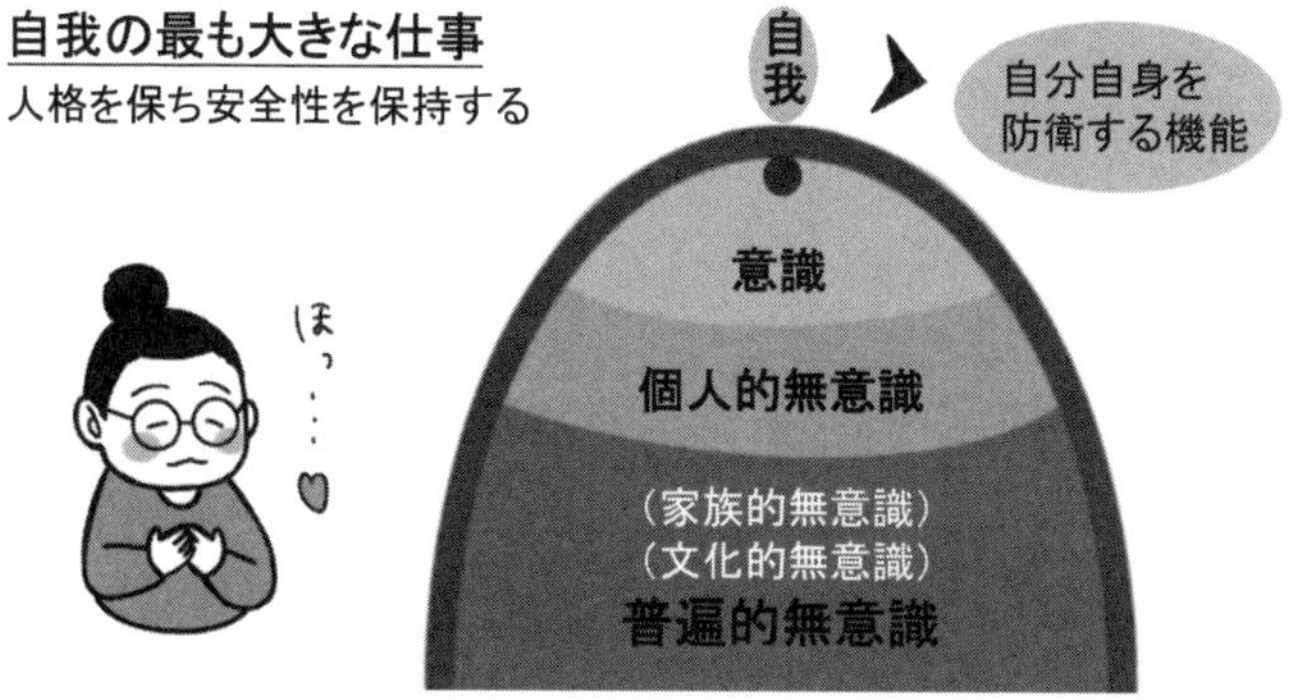

つまり、「自我」は表面的な意識の範囲にとどまるが、「自己」はそれを超えたもっと広い心の領域だというのです。

あるとき、ユングは「自己をもっと具体的に説明してほしい」と聞かれこう答えました。

「ここにおられるすべての人が、私の自己です」

自己実現とは、「自我」が満たされることではなく、心全体が満たされること。だからこそ、他者との関わりなしに、本当の成長や成功は語れないのです。

実際、心理療法を受ける人は、必ず「他者との関係」を見つめ直

ユングはさらに、心の奥には、個人を超えたもっと広大な層が存在すると考えた。
・家族が共有する記憶
・文化圏で共有される価値観
・人類全体が持つ普遍的な無意識

すことになると河合さんは述べています。なぜなら、私たちの心は、他者とのつながりの中でしか満たされないからです。

ここまで「心」について深く見てきました。もし心がこれほど深く不思議なものなら、それは私たちの現実とどう関わっているのか？　私たちの「思い」は、本当に現実を創造できるのか？

その答えを、次の章で一緒に探っていきましょう！

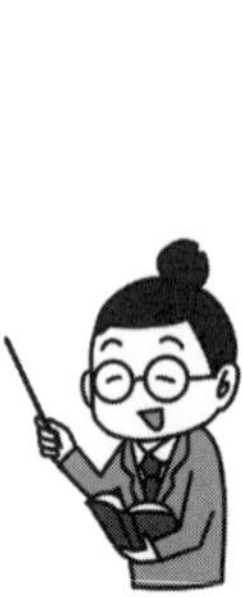

第2章

自由な意志は存在しない

——それでも思いは現実化する

「いつも同じような失敗を繰り返してしまう」
「どうしても人間関係がうまくいかない」
「なぜか望む現実が引き寄せられない」

こうした現象が起こってしまう理由は、**「すべてのものは2度創られる」**という法則に関係しています。

たとえば、いまあなたが使っているスマートフォンも、最初は誰かの頭の中で「もっと便利なコミュニケーションツールがあったらいいな」という思いやイメージとして生まれました。すべてのものは「思いによる創造」と「物質的な創造」という2段階を経て現実化しており、私たちの人生もまた、同じ法則のもとで創造されています。

でもなぜ、理想が実現しないときがあるのか？　その答えは「無意識」にあります。

実は、私たちの行動や選択の多くは、**自覚していない無意識の力によって決定されています。**

現代の脳科学や心理学の知見によれば、私たちが「意志」と信じている

ものの多くは、実は無意識の領域で先に決定されている可能性が高いのです。そしてこの無意識こそが、現実化のメインエンジン。

ですから、私たちを動かし、現実を創り出している「無意識」の力を理解し、味方につければ、意志の枠を超えた「自由」が広がります。

この章では、脳科学・心理学・仏教・哲学・量子力学などの知見を組み合わせながら、「思い」とは何か、無意識はどのようにして「思い」を現実化するのかを解き明かしていきます。

では、理想を現実に変える鍵を手に入れましょう！

現実と思いのつながり
——思いの質が人生の質

「思いの質が人生の質を決めるんだよ」

急にそんなことをいわれても、正直ピンとこないですよね。それどころか、どこか怪しげな印象を受けるかもしれません。

でも、ちょっと立ち止まって一緒に考えてみましょう。

そもそも「思い」とは一体何なのでしょうか?

まずは基本中の基本、辞書で「思い」の意味を調べてみると、「思うこと・考えること」以外にも、「願い・望み・予想・推量・想像、感じ・気持ち」……などが並びます。

さらに、この辞書には「思い内にあれば色外《いろそと》に現る（心の中で何か思っていると、必ず顔色や態度に現れる）」ということわざの用例も載っていました。

つまり、**私たちの内側にある「思い」と外側の現実はつながっているこ**

とを教えてくれています。

辞書の定義を整理すると、「思い」には大きく分けて「思考」「未来」「過去」「感情」「経験」という要素が含まれていることがわかります。

この「思い」の力について、より深く理解している人はいないだろうか？ と調べていくと、ある偉大な哲学者・思想家の言葉に出会いました。

イギリスの哲学者ジェームズ・アレンは、著書『「原因」と「結果」の法則』（サンマーク出版）の中でこう語っています。

「心は、創造の達人です。そして、私たちは心であり、思いという道具をもちいて自分の人生を形づくり、そのなかで、さまざまな喜びを、また悲しみを、みずから生み出しています。私たちは心の中で考えたとおりの人間になります。私たちを取りまく環境は、真の私たち自身を映し出す鏡にほかなりません」

この思想は、遥か東方の島国、日本にも大きな影響を及ぼすことになります。

『「原因」と「結果」の法則』は、カーネギーやナイチンゲールをはじめ、世界中の偉大な思想家たちに影響を与えた。実際、「近年の自己啓発書のほとんどは、アレンのシンプルな哲学に、自分の成功体験をあれこれくっつけて複雑にしているだけ」と指摘する専門家もいるほど。

心と思いのつながり

「心がすべてを決めている」

この言葉を聞いて、あなたはどんな印象を持つでしょうか？

私がこの言葉の深い意味を理解したのは、稲盛和夫さんの『心。』（サンマーク出版）という本に出会ったときでした。

彼は本書の中で、次のように説きました。

「人生で起こってくるあらゆる出来事は、自らの心が引き寄せたものです。それらはまるで映写機がスクリーンに映像を映し出すように、心が描いたものを忠実に再現しています」

京セラやＫＤＤＩを創業し、倒産寸前だったＪＡＬをわずか2年で再建した稲盛さんは、単なる経営者ではなく、人生哲学を体現する人物でもあった。彼が私費で創設した「京都賞」は、最先端科学、基礎科学、思想・芸術の3部門で社会に貢献した人に贈られる、ノーベル賞と並ぶ国際的な賞となっている。

この考え方は、前述したジェームズ・アレンの「思いが現実をつくる」という思想と深く共鳴しています。実際、稲盛さんは『心。』の中でアレンの言葉を何度も引用しており、その影響を強く受けていたことがわかります。

稲盛さんの思想は、思考の力を説くだけにとどまらず、その背後にある**「心の構造」**にまで踏み込んでいます。

アレンの詩的で美しい言葉を、「物の豊かさ」から「心の豊かさ」へとシフトしつつある現代を生きる私たちにも理解できる形で残してくれたのです。

ここからは、稲盛さんの「心の構造説」に沿って、私たちの無意識がどのように現実を形成し、人生を方向づけているのか、解き明かしていきましょう。さらに、最新の脳科学の発見と重ね合わせることで、より深い理解へと進んでいきます。

心の構造説

人の心は、たまねぎに似ています。

稲盛和夫さんは、心の構造をこんな風に説明しています。たまねぎの皮が層になっているように、私たちの心も「真我《しんが》」「魂」「本能」「感性」「知性」という層で構成されているというのです。

では、内側から順番に見ていきましょう。

一番中心にあるのが**「真我」**です。これは「ほんとうの自分」「真実の自分自身」という意味で、古代インドの教えに由来する言葉です。

人は誰しも例外なく、心の奥底に愛と調和に満ちた清らかな「真我」を持っています。最も深い、核心ともいうべきところに「真我」があり、それは最も純粋で最も美しい心です。

私たちも、生まれたときは純粋な「真我」そのものでした。でも、成長するにつれて様々な経験を重ねることで、いわば「着色」されていきます。仏教やヒンドゥー教ではこれを「業《カルマ》」と呼びます。稲盛さんによれば、この業を身にまとった真我が**「魂」**です。

その外側には**「本能」**の層があります。生まれたての赤ちゃんが最初の泣き声を上げ、自然と呼吸を始めるのは、この本能の働きです。さらにその外側には**「感性」**の層が育っていきます。外の世界を見て、音を聞いて、お腹が空いたら泣いて訴える――これらはすべて、感性が育ってきた証です。

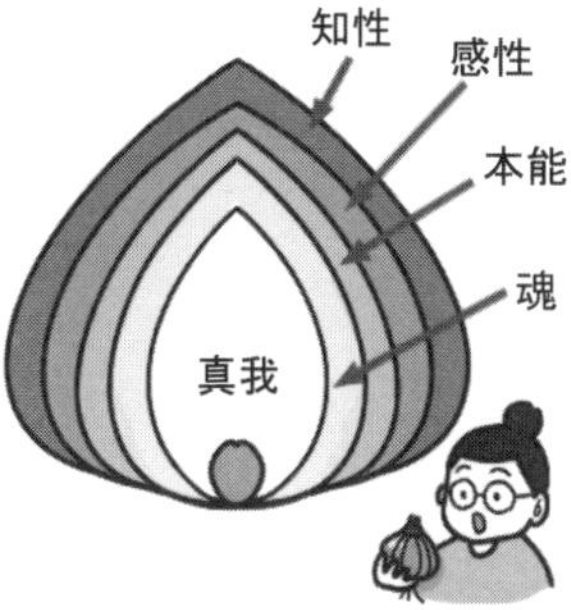

そして最後に**「知性」**の層が加わります。２歳くらいまでに感覚や感情が十分に育つと、論理的な思考ができる知性が芽生えてきます。

はい、ここからが超重要なポイントです。

私たちは普段、魂より外側の層――本能・感性・知性――を使って現実

赤ちゃんを抱っこしたとき、その純粋さに心が洗われるような感覚を覚える。その清らかさこそが「真我」なのだ。

世界と関わっています。本能は「得か損か」「快か不快か」で判断します。

感性は「好きか嫌いか」「気に入るか気に入らないか」で決めます。

そして知性は論理的に考えようとしますが……実は、物事を最終的に決定する力は持っていません。

なぜなら、**いくら頭で理屈を並べても、最後は本能や感性の声に従ってしまう**から。

私たちの「思い」とは、この**本能・感性・知性が複雑に絡み合って生まれる**もの。そして、その**「思い」が現実世界を創り出している**のです。


考えてみれば、これって私たちの日常でよく起こることですよね。嫌な予感がしていた人間関係が、案の定こじれてしまったり。「なんだかいけそうな気がする！」と感じた企画が、実際に成功したり。

私たちの思いは、確実に現実を動かしています。

「本当にそうなの？　まだ腑《ふ》に落ちないんだけど……」

ツッコミありがとうございます！

稲盛さんの心の構造説は、脳科学の知見と融合させることで、ますますわかりやすく、面白くなります。


たとえば、「太るからお菓子は我慢しよう」と理性で決めたはずなのに、気づいたら食べてしまっていた……などという、結局は本能に従ってしまう経験は誰にでもあるだろう。

脳の三位一体説――あなたの中の3人家族

「えっ、私の脳の中に3人の『私』が住んでいるんですか？」

そうなんです！　脳科学者のポール・マクリーン博士が『三つの脳の進化』(工作舎)で提唱した「脳の三位一体説」によると、私たちの脳は3層構造になっているんです。

まるで3階建ての家のように、それぞれの階に違う役割を持つ「私」が住んでいると考えるとわかりやすいかもしれません。

1階…爬虫類脳(脳幹)＝守護する私

いわば家の管理人。呼吸、体温調節、心臓の鼓動など、生きていくための基本システムを24時間体制で管理しています。2歳までにはほぼ完成す

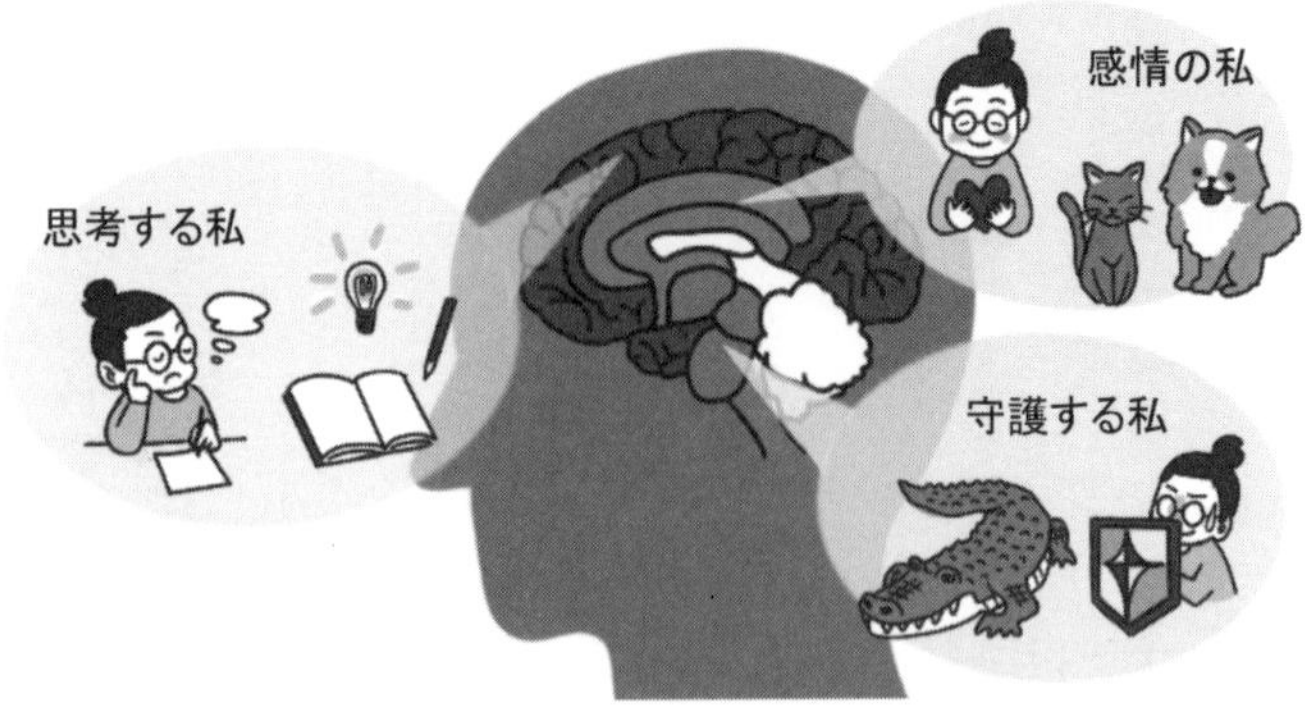

るこの「私」は、危険を察知したら即座に反応。「とにかく生き延びること」が最優先で、ときには衝動的な行動をとることも。時間感覚は約30秒しかなく、「いま、この瞬間」だけを生きています。

2階…哺乳類原脳（大脳辺縁系）
＝感情の私

かわいくて無邪気な子どものような存在です。2〜10歳にかけて発達するこの「私」は、喜んだり、怒ったり、愛情を感じたりと、感情の部分を担当します。他の人との関係を築く、人との絆を育む力も持っています。

3階…新哺乳類脳（大脳新皮質）＝思考する私

最上階に住む知的な住人です。言葉を使い、複雑な考えを巡らせ、未来を想像する……人間らしい知的活動を担当します。10歳から（男性は29歳まで、女性は21歳までかけて）じっくり発達していきます。

ここで面白いことに気づきます。この3層構造は、先ほどの稲盛さんの説とピッタリ重なるんです。

本能＝1階の守護する私（脳幹）
感性＝2階の感情の私（大脳辺縁系）
知性＝3階の思考する私（大脳新皮質）

いかがでしょう。あなたの中にいる3人の「私」が見えてきましたか？

実は、この3人の関係性を理解することが、自分の思考や行動のパターンを知る大きな手がかりになるんです。

ここからさらに深めていきましょう！

心の中心
——真我とは何か？

「もし、左脳が突然機能を停止したら……」

想像もつかないような状況ですよね。でも、この稀有な体験をした科学者がいます。

それが脳科学者のジル・ボルト・テイラーです。

37歳のある朝、彼女は突然の脳卒中に襲われました。通常なら恐怖で混乱するはずの状況で、彼女は科学者として冷静に、自分の脳の機能がひとつずつ停止していく様子を観察し続けたのです。

そして彼女は、脳科学者としてはじめて「真の自分」を科学的に観察することに成功しました。

私はこの話を知ったとき、衝撃を受けました。なぜなら、稲盛和夫さん

の「心の構造説」でいう「真我」と、テイラーの結論が一致していたから。

テイラーの脳科学的知識と脳卒中による体験的気づきによって導き出されたのは、**「右脳の上に自分の本質〈真のセルフ〉がいる」**という結論でした。

つまり、いまから2500年以上前に生まれた仏教という東洋哲学がいっていることと、現代の脳科学者の知識と体験による論理的な解説がつながったということです。

左脳の機能が失われていく中で、彼女は驚くべき体験をしました。

普段私たちの頭の中で絶え間なくおしゃべりを続ける「自我の声」が消え、言語による思考が止まった瞬間……彼女は「いま、この瞬間」という、言葉では表現できないような美しい感覚の世界に足を踏み入れたのです。

さらに不思議なことに、自分の体がどこからどこまでなのか、その境線さえもわからなくなりました。そして彼女は気づいたのです。

私たちが「現実」だと思い込んでいるものは、実は左脳が創り出した世界にすぎない、と。


稲盛和夫さんは禅宗「臨済宗《りんざいしゅう》」に帰依していた。

テイラーの著書『WHOLE BRAIN（ホール・ブレイン）心が軽くなる「脳」の動かし方』（NHK出版）との出会いは、私の人生においてかけがえのない気づきをもたらした。科学がなかった時代の人間の思想・哲学が、科学の道を歩んだ人間によって論理的に説明されていたことに興奮してしまうのは、私だけではないはず。

左脳の機能が完全に停止し、右脳の意識だけになったとき、彼女は「広大で、まるで音のない幸せに満ちた海を泳ぐクジラのように、魂が自由に飛び回っている」ような状態を体験したといいます。

8年の回復期間を経て、彼女は脳科学者として重要な発見をもたらしました。それは「4つのキャラ」という、「私の中にいる私たち」についての画期的な理論です。この発見は、古代からの叡智《えいち》と現代科学の出会いという意味で、人類の知の歴史における重要な転換点だと私は思いました。

彼女が自分の脳の神経系と精神の働きへと深く踏み込んでいく旅で持ち帰った「4つのキャラ」は、心理学者カール・ユングが提唱した無意識の「元型《げんけい》」という考え方とぴったり重なります。

「元型」は神話や夢や芸術などに普遍的に見られるパターンのことであり、個人的な無意識ではなく、人類に共通する「集合的無意識」から発生するとされています。

では、テイラーが発見した4つのキャラとは?

❶ 社会の中の私（左脳上部）

会社では頼れる上司、家庭では良い父親など、場面に応じて使い分ける「仮面」のような自分。ユングはこれを「ペルソナ」と呼びました。

❷隠れた私（左脳下部）

人には見せたくない弱さや欲望など、影のような部分。ユングのいう「シャドウ」です。

❸「いま、ここ」にいる私（右脳下部）

男性の中にある女性的な部分、女性の中にある男性的な部分。ユングはこれを「アニマ／アニムス」と呼びました。

❹ほんとうの私（右脳上部）

そして最も重要な、私たちの本質。ユングのいう「自己（セルフ）」です。ここは、意識と無意識を統一する心全体の中心で、自分自身の存在に意味を与えるもの。

稲盛さんの言葉に戻ると、真我とは、「ほんとうの自分」「真実の自分自

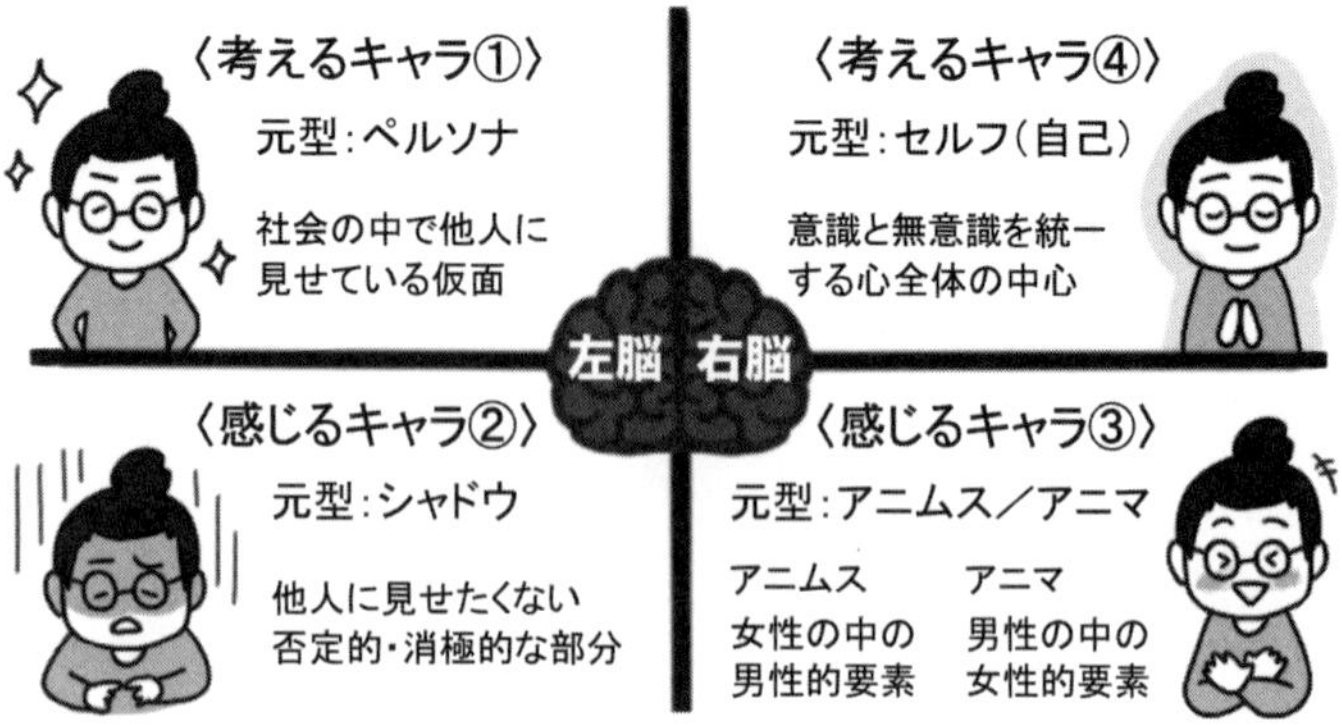

身」のこと。これはテイラーのいう、「真（本物）のセルフ」と一致します。

私たちの脳の中には、様々な「私」が存在します。そして、私たちの右脳の上、つまり知性の領域には、全体性を備えた「真のセルフ」「ほんとうの私」が静かに存在している――これが、古代からの智慧と現代の脳科学者が一致して教えてくれている真実なのだと私は理解しました。

はい。ここまで見てきたように、私たちの心は、「真我」を中心に、魂、そして本能・感性・知性という層で構成されています。

それはまるで、澄んだ湖のようです。湖の底には純粋で美しい「真我」があり、その上に魂という深い層が広がり、表層には外界の影響を受けて本能・感性・知性という波が立っている……そんなイメージです。

普段の私たちは、その波に心を奪われがち。「これが欲しい」「あれは嫌だ」「こう考えるべきだ」という声に振り回されています。

それらは身体をコントロールするために必要なツールであって、本質ではありません。大切なのは、湖の底に横たわる「真我」の声に耳を傾けること。その声を通して現実を見るとき、私たちの心は純粋な創造力を持ち始めます。

「でも、どうすれば『真我』の声が聞けるの？意志の力で荒波を静めなさいって話？」

という疑問が湧いてきますよね。ここで、衝撃的な事実をお伝えしなければなりません。

「意志の力で何かをする」という考え方自体が、大きな誤解なのです。

テイラーは脳卒中で左脳の機能を失ったとき、この「真のセルフ」とつながる体験、つまり「開かれた心によってもたらされる果てしない心穏やかな感謝の気持ち」を抱くことができたという。宗教家が「神」と呼び、科学者や哲学者が「真理」と呼び、自然とともに生きる人々が「大いなる何か」と呼ぶ、全知全能の知性＝私たちの本質が存在しているということを、彼女は脳科学的に心理学的にそして体験的に理解したのだ。

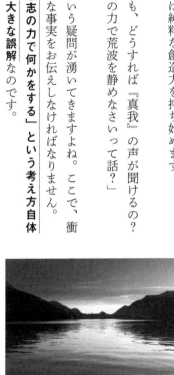

「えっ⁉　どういうことですか？」

科学的な実験によって、私たちが「意志」だと思っているものは、実は「後づけの解釈」にすぎないことが明らかになってきました。

……いや、信じられませんよね。私もこの事実を知ったとき、まったく理解することができず、左脳が崩壊しました（笑）。

でも、この「意志という幻想」を理解することこそが、**真の自由への扉を開く鍵**なのです。

ここからは、脳科学、心理学、量子物理学、そして仏教の智慧を総動員して、この驚くべき真実を解き明かしていきましょう！

私たちに自由な意志なんてない

ところで、あなたはいま、「自分の意志で本のページをめくっている」と思っていませんか？　いまここでこの本を「読もう」と自分の意志で決めて、言葉を目で追っていると感じているのではないでしょうか。

でも、実はその「読もう」という意志も、**行動が起こった後から生まれた「後づけの解釈」**なんです。

「えっ、何いっちゃってるんですか……私が読もうと思ったからいま読んでるんじゃん!?　意志がなかったらこの本読んでませんよ！」

そうですよね。私も最初はそう思っていました。

「私には意志がある」「私は意志の力で自分の行動を決めている」というのは、人類が長い間、疑うことのなかった〝常識〟でした。

でも、この**常識を根底から覆す衝撃の事実**が、科学的な実験によって次々と明らかになっているのです。

ここまで、心と思いの関係について学んできて、

「まあ、意志によってその思いをコントロールすれば、現実を創造できるってことだろうな。どうせ強い意志で行動しろっていうんだろ？　でもそれが難しいんだよ……」

と思った人もいらっしゃるかもしれませんが、その予想を覆しつつ、さらに衝撃の話を。

私たち人間には自由な意志なんてありません。私たちの行動は、意識が「やろう」と思うよりも先に決まっているのです。感情も、思考も、決断も、すべては意志が働く前に無意識の領域で既に動き出している――。

「じゃあ私には何もできないってこと？」

いいえ、むしろ逆なんです。

自由な意志がないからこそ、「思い」には現実を変える驚くべき力があるということ。意志の力で頑張ろうとするから苦しくなるのです。

ここから、脳科学と心理学の最新の発見を通じて、人間の意志と行動の不思議な関係性に迫っていきましょう。

脳の中にいる物語作家

想像してみてください。あなたの脳の中に、せっせと物語を書き続けている小さな作家さんが住んでいる、と。この作家さんは、あなたの行動や感情について、常に「なぜそうなったのか」という理由を考え、物語を紡いでいます。

「今日は仕事でミスをしたけど、それは昨日よく眠れなかったからだ」
「あの人が冷たい態度をとるのは、私が何か気に障《さわ》ることを言ったからに違いない」

こんな風に、私たちは日々、自分の行動や周りで起きることとの「理由」を説明しようとしていますよね。でも実はこの「説明」は、脳が**後から創り上げた物語**かもしれないんです。

認知神経科学の父ともいわれる、脳科学界の世界的権威マイケル・ガザニガ博士が書いた『〈わたし〉はどこにあるのか：ガザニガ脳科学講義』（紀伊國屋書店）には驚愕の実験結果が書かれています。

まずガザニガ博士は、実験によって左脳と右脳が同じではないことを突き止めます。左脳は言葉を話し、理解できる切れ者。一方、右脳は言葉を話すことができず、言葉を理解する能力も限定されている、ということがわかりました。

次に博士は、左右の脳をつなぐ脳梁《のうりょう》という部分が切断されている「分離脳」の患者さんの協力を得て、左右の目にそれぞれ違う情報を見せる実験をします。視神経や、手のひら付近の神経は交差して脳とつながっているのですが、たとえば、右目（左脳につながっている）には「赤」という文字、左目（右脳につながっている）には「バナナ」という文字を見せるわけです。

そして「左手でカラーペンを使って絵を描いてください」と頼むと……患者さんは左脳で見た「赤」のペンを選び、右脳が制御している左手でバナナを描いたんです。

「なぜバナナを描いたんですか？」と博士が尋ねると、患者さんは「こっちの手で一番描きやすすかったからです」と答えました。

このとき何が起こっていたのでしょうか？

右脳は言葉にできないだけで「バナナ」という情報を認識していました。だからバナナの絵を描いたのです。ですが、患者さんの左脳と右脳は分断されているので、言葉を理解する左脳は、右脳が「バナナ」を見ていたことをまったく知りません。

つまり左脳は、バナナを描いた理由を、状況に合わせてでっち上げたのです。

まるで、こっそりお菓子を食べているところを親に見つかった子どもが、「だって、お姉ちゃんが食べていいって言ったんだもん！」とその場で慌てて言い訳を思いつくように、「とにかく何か理由をつけなきゃ！」と必死にひねり出した感じですよね。

実験から、私たちの脳、特に左脳は「解釈装置」として働いていることがわかりました。つまり左脳は、常に物語を創り続ける作家のように、起

別の興味深い実験も行われた。閃光を使った恐怖シーンがあるホラー映画を患者の右脳だけに見せると、患者は「白い閃光が光っただけで、何だったかわかりません」「理由はわからないけど、恐ろしかった」と答えた。後日、患者は「ガザニガ先生のことは好きですけど、いまはなぜだか怖く感じます」と話した。つまり、ホラー映画によって引き起こされた不安について説明しなくてはならない左脳が、「部屋にいたのは私とガザニガ先生だけ」という状況から「ガザニガ先生が私を怖がらせた」という解釈に到達した、ということだ。

きた出来事に「理由」をつけ、「物語」を紡ぎ出しているんです。

たくさんの実験からわかったのは、左脳は「わかりません」とは絶対に答えないこと。左脳は因果関係を成立させたくてしかたがないため、**そのときの認知状況や周囲から得られる情報をもとに、たえず世界を説明しているん**です。

これが左脳の解釈装置の仕事であり、私たちの脳は一日中こんなことをしているのです。

解釈装置は、受け取った情報以上のストーリーはぜったいに生み出さないけれど、**その情報自体には右脳が受け取ったあやふやなものも含まれており、その「物語」は必ずしも事実とはいい切れません**。

私たちは自分の行動や感情について常に「理由」を説明しようと働きますが、その説明自体は脳の創作物かもしれないのです。

無意識は未来を知っている?

あなたは子どもの頃、「魔法使い」に憧れたことはありませんか? 実は、私たちの脳の中にも、「魔法」のような力が隠されています。

カリフォルニア大学の科学者ベンジャミン・リベットは、ある驚くべき事実を発見しました。

彼の実験では、被験者が行動を「意識」する約0・35秒前に、すでに脳波が動き始めていました。つまり、私たちの「決断」は無意識が先に行い、意識はそれを後づけで認識している可能性があるのです。

これはまるで、私たちの脳が「未来の行動」を先に知っているかもしれない、と思えるような不思議な現象ですよね。

実験に使われたのは光の点が円を描くようにクルクルと回っている時計。被験者には、「好きなタイミングで手首を曲げ、『動かそう』と思った瞬間の光の位置を覚えておくこと」と指示し、同時に脳波計で脳の頭頂部から発生する「準備電位」を計測した。結果、手首が実際に動き始める0・55秒前から準備電位が発生していることが判明。被験者が意志を持ったと報告したタイミングは手首の動きの0・2秒前だったことから、意志が生じる0・35秒前にはすでに「無意識」のうちに脳が動作の準備を始めていることが示唆された。

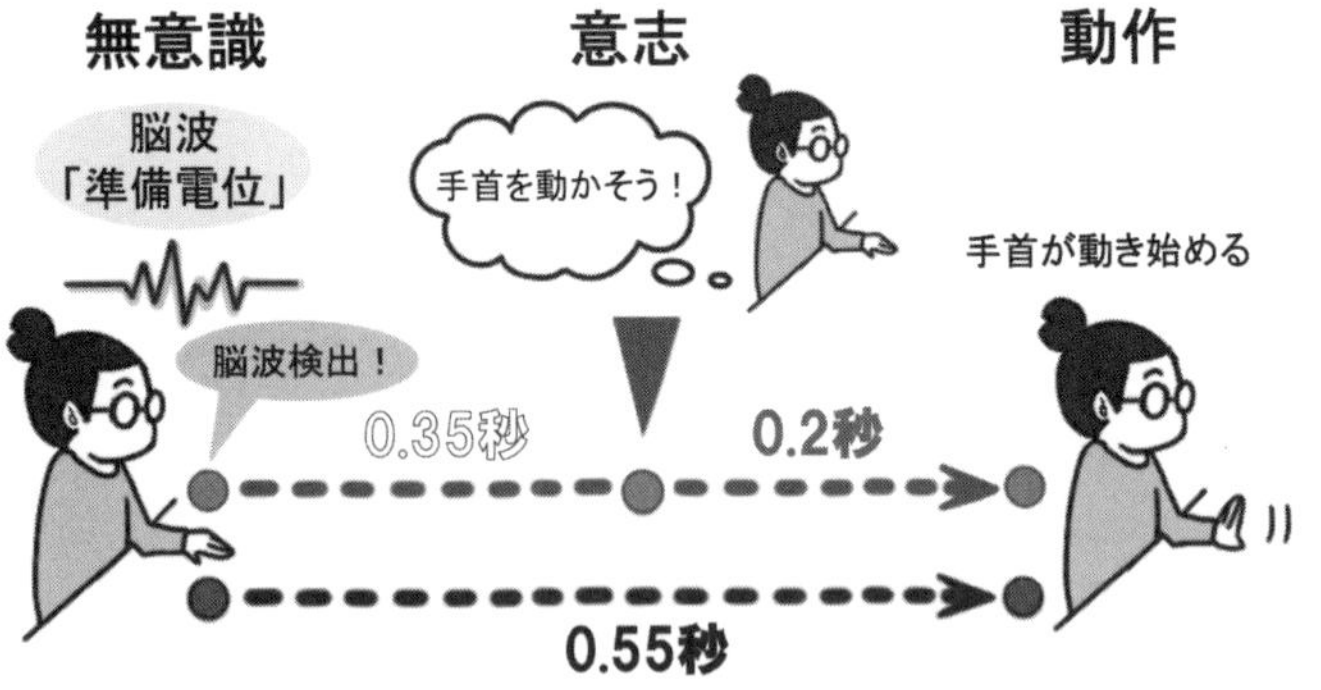

意志よりも0.35秒前に「準備電位」が出ていた！

「えっ、ちょっと待ってください……それってつまり……」

そうなんです。私たちが「意志で決めた」と思っている行動は、実はその前から脳が準備を始めていたのです。

意志を持つよりも先に脳が自動的に動いている。

つまり「意志の遅れ」が起こっている、ということが実験によって科学的に明らかになったのです。

歴史的な大作家マーク・トウェインは「人間機械論」を提唱し、日本の哲学者・西田幾多《にしだきた》

わかりやすい例は、野球。野球選手が時速150㎞の速球を打つとき、ボールを見て「打とう」と思ってから体を動かしていては、絶対に間に合わない。でも実際には打てるのは意識が「打とう」と思う前に、脳と身体が自動的に動き出しているから。

郎《ろう》は「自由意志は存在しない」といいました。

そして、現代の脳科学者ガザニガ博士は、

「行動も感情も、意識より先に起こっている」

「私たちは脳の活動からわずかに遅れた世界に生きているにもかかわらず、自分が仕切っている感覚を持っている」

と語っています。

でも、もし本当に「私の意志」なんてものがないのなら、いまこの瞬間に確かに感じている「私」とは一体何なのでしょう？

そして、もっと重要な問い——「意志がない」という事実は、私たちの人生から自由を奪ってしまうのでしょうか？

この問いへの答えは、あなたの「人生の見方」を大きく変えるものになります。

マーク・トウェインは、人間を「気質、教育、環境、遺伝などによってプログラムされた存在だ」という「人間機械論」を提唱した。また西田幾多郎は、哲学的思考、禅、そして深い思索を融合した名著『善の研究』(岩波文庫)で自由意志は存在しないと提唱している。

いま私が感じている私は誰？

「私は私だ」

そう言い切れるほど確かな感覚なのに、不思議なことに、その「私」がどこにいるのか探そうとすると、つかみどころがありません。

脳の中を探しても、「私」という実体は見つからない。それなのに、私たちは「私は確かに存在している」と感じています。まるで、夢の中で「これは夢だ」と気づかないように、私たちは「私」という感覚を疑うことなく生きています。

では、この「私」とは何なのでしょうか？

作家の橘玲さんは、『わたし』というのは、突き詰めれば『無意識』の傾向のことだ」と指摘しています。

つまり、「私はこういう人間だ」という認識は、**遺伝・経験・思い込みによって創られたパターン**にすぎないということ。

また、進化心理学によれば「人間は知覚→記憶→私の順序で心を発達させた」とされています。最初に「外の世界を知覚する」能力が生まれ、次に「出来事を記憶する」機能が発達し、その記憶を統合するために「私」という感覚が創られた、というのです。

つまり、「私」は最初から存在していたのではなく、**脳が生存のために後づけで創り出したもの**なのです。

神経科学者のガザニガ博士の研究によると、脳の左半球には「物語作家」のような機能があり、私たちは無意識の行動や選択に対して「つじつまの合う物語」を創ることで、「私」という一貫性を保っています。

つまり、たとえばあなたが「私は人見知りだから」と思っていたとしても、それは過去の経験から無意識に創られた物語かもしれないということ。実際には社交的に振る舞える場合もあるのに、脳は一貫性を持たせるために「私は人見知り」というストーリーを強化し続けるのです。

『スピリチュアルズ「わたし」の謎』（橘玲著／幻冬舎）より、無意識の傾向とは、ビッグファイブ（外向的／内向的・神経症傾向・協調性・堅実性・経験への開放性）、5つの要素の組み合わせのこと。「その無意識はおそらく、自分が世界の中心にいて、すべてを創造したり、消滅させたりしていると思っている」と著者はいっている。

いま私が感じている「私」は、過去の経験などから脳が創り出した物語かもしれない

となると、もし「私」が物語にすぎないのだとしたら、**この物語を書き換えることで、人生も変えられる**のではないでしょうか。

つまり、もしあなたが無意識に「私はこういう人間だ」と決めつけているなら、その「思い込み」を解除することで物語を書き換えることができるということです。

そしてそれは、第3章でお伝えすること――「自己限定の解除」という話にもつながっていきます。

ここから大切になるのは**「自**

由」をどう定義するかです。私は当初、「自由」を「私が意志によって行動を決定している状態」と定義していました。これに従えば、行動も感情も私たちが自覚する前に起こっており、意志は後からついてくるものなので、「自由意志は存在しない」といえます。

ここから、あなたのモノの見方を１８０度変え、人生を大きく変える現実創造のメカニズムと、自由にまつわる驚きの結論へと進みましょう！

現実創造のメカニズム

「ちょっと待ってよ！　私のことは私の思いと行動で変えられるかもしれないことはわかったけど、自分の外の世界を変えられないのなら意味ないんですけど」

という声もあるかもしれません。確かに、周りの環境や状況は私たちの力が及ばないところで動いているように見えますよね。実は、量子力学と脳科学の研究から、

「環境は自動的に確率的に決まっていく」

という驚きの結論に辿り着くことができます。

「ぶっ飛びの結論！」

「ていうか、やっぱり現実はコントロールできないってことじゃん！」

ツッコミありがとうございます！

でも、この章を最後まで読んでいただければ、ぶっ飛びの結論と現実創造のメカニズムに基づく「希望」について、科学的な根拠とともに理解していただけるはずです。

これから説明する内容は、私自身の人生を大きく変えたターニングポイントとなった学びです。

古代の仏教から現代の量子力学まで、人類の叡智が示してきた「現実創造のメカニズム」について知った当初は半信半疑でしたが、知識と体験の融合によって「なるほど、こういうことだったのか！」と目からウロコが落ちる思いでした。

では、まずは量子力学の「パラレルワールド（多世界）解釈」という考え方から見ていきましょう！

量子力学のパラレルワールド解釈

「すべての可能性が同時に存在している」

これは、量子力学の世界で最も衝撃的な話のひとつです。私は最初「そんなSFみたいな話、あり得ない」と思っていました。

でも、ある実験の結果を知って、世界の見方が大きく変わることになります。それが、「量子は粒子性と波動性、2つを同時に併せ持っている」ということを明らかにした「二重スリット実験」。

この実験によって、私たちの「当たり前」は完全にひっくり返されました。実験の内容はこうです。

光をどんどん小さくして、最小単位までエネルギーを落としていくと、ひとつの粒子（＝光子《こうし》）になります。これを図のようにひとつずつ、2つ

量子…原子や電子など物質を構成するエネルギーの最小単位。量子のレベルではニュートン力学は通用しない。その極微小の世界を支配する物理法則を解き明かそうとする学問を「量子力学」という。

二重スリット実験

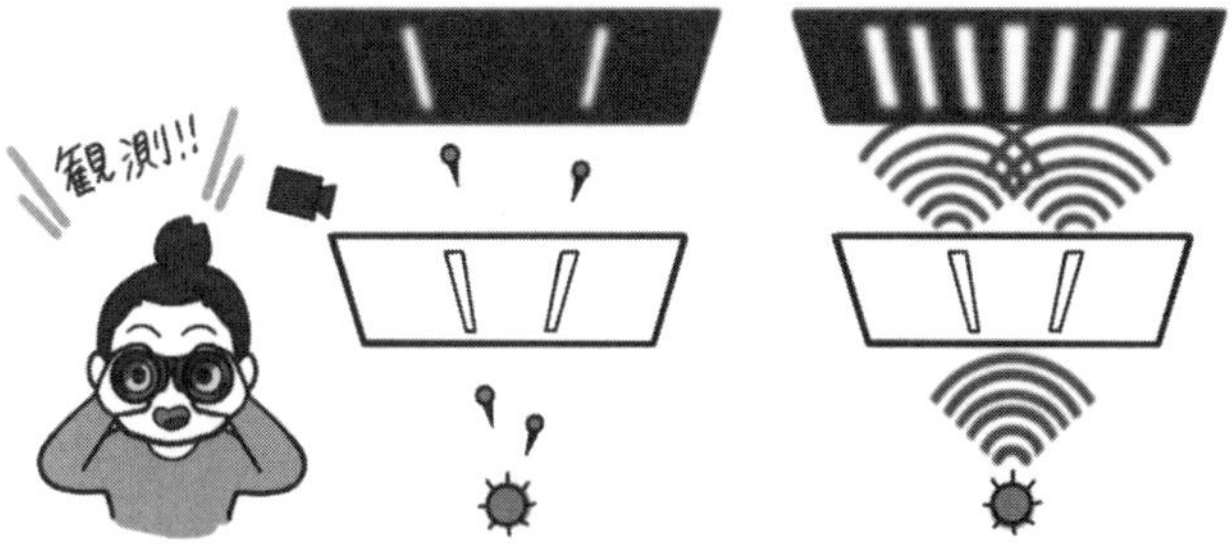

・量子は粒子性と波動性を併せ持っている
・観測することによって粒子に確定する

の細い穴（スリット）に向かって発射し、その向こう側にスクリーンを置いて、どんな模様ができるか観察する実験です。

普通に考えると、粒子は２つの穴のどちらかを通り抜けて、スクリーンに２つの線ができるはずですよね。ところが実際には、スクリーンには光の粒子が波の性質を持っているとしか思えない縞模様（干渉縞《かんしょうこう》）が浮かび上がりました。

「じゃあ、光の粒子は細い穴のどちらをどのように通っているんだろう？」

ということで、穴の後ろに測定器を設置して、光の粒子がどちらの穴を通ったのか測定する実験をしました。すると今度は波ではなく粒の性質を示す形、つまりスクリーンには2つの線が浮かび上がったのです。

信じられないような話ですが、これは世界中の研究者たちが何度も実証しています。そしてこの事実をもとに、科学者たちは、「光子（量子）は粒子性と波動性という2つの性質を同時に併せ持っており、『観測』という行為によって粒子に確定する」という結論を導き出しました。

ですが実は、このときからいままでずっと、科学者の苦悩と激しい議論は続いています。「観測」とは一体何なのか？　なぜ観測すると結果が変わってしまうのか？　多くの解釈が生まれ、激しい議論が交わされました。「人間の意識が結果を決める」という説から、「カエルや石ころだって観測者になれる」という説まで、実に様々です。

その中で特に重要な2つの解釈を見ていきましょう。

まず主流となったのが、「コペンハーゲン解釈」。

これは、量子論の育ての親と呼ばれるニールス・ボーアが提唱した解釈です。この考え方では、世界を「観測される側（量子の世界）」と「観測す

「コペンハーゲン解釈」はシンプルでありながら、実験や実用化においてこの解釈でまったく問題がなかったため、多くの科学者に支持され、量子力学の標準的な解釈となった。

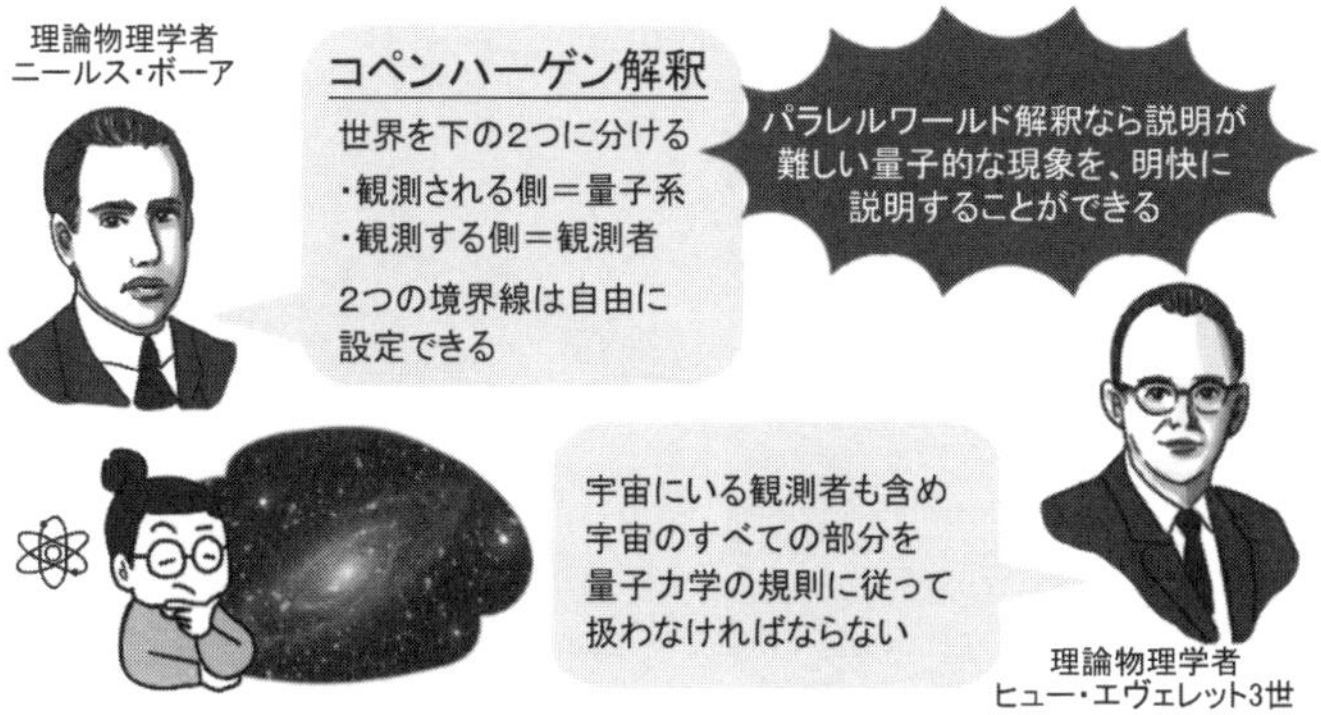
理論物理学者
ニールス・ボーア
コペンハーゲン解釈
世界を下の2つに分ける
・観測される側＝量子系
・観測する側＝観測者
2つの境界線は自由に設定できる
パラレルワールド解釈なら説明が難しい量子的な現象を、明快に説明することができる
宇宙にいる観測者も含め宇宙のすべての部分を量子力学の規則に従って扱わなければならない
理論物理学者
ヒュー・エヴェレット3世

る側（私たちの世界）」の2つに分けます。

簡単にいえば、**「目に見えない小さな粒子の世界では不思議な現象が起こるけれど、私たちの住む大きな世界では普通の物理法則が働く」**というわけです。

しかし、この解釈には大きな問題が3つありました。

・「観測」の定義が曖昧
・小さな世界と大きな世界の境界線がはっきりしない
・時間を超越した粒子同士の不思議な結びつき**「量子もつれ」**が説明できない

そこで登場したのが、物理学者

量子もつれ…2つ以上の粒子間に強い結びつきができ、片方の状態が変化すると、それに応じてもう一方の粒子も瞬時に変化する現象。量子もつれ状態の粒子は、どんなに遠く離れていても、宇宙の最高速度である光速度を超えて瞬時に連携しあう。

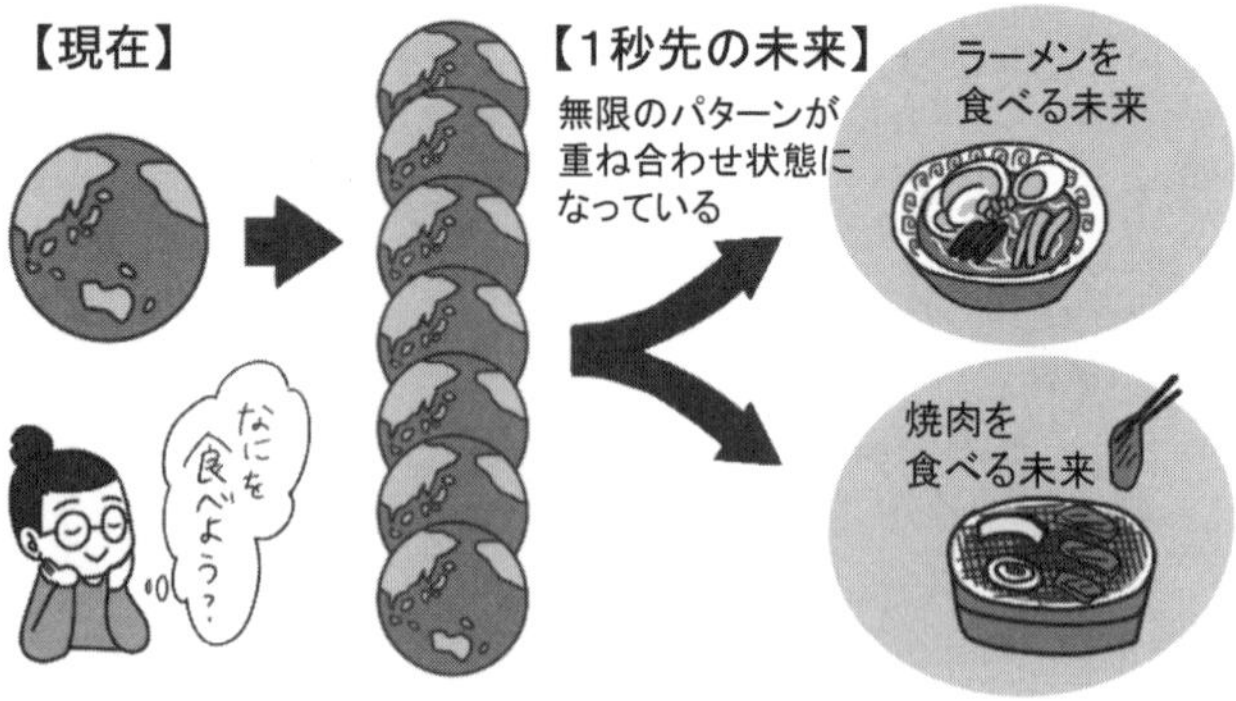

ヒュー・エヴェレット3世による大胆な解釈です。「多世界解釈」、別名**「パラレルワールド解釈」**です。

彼の解釈はこうです。

「小さな粒子も、観測装置も、観測する人間も、すべて量子力学の法則に従っているはずだ。宇宙全体が量子状態にある」

つまり、私たちの住む大きな世界でも、量子の世界と同じ法則が働いているという考え方です。これが提唱された当初はまったく受け入れられませんでしたが、なぜなら、近年注目を集めています。

この解釈を使うと量子力学の不思議な現象がすべてすっきりと説明できるからです。

パラレルワールド解釈を簡単にいえば、**「世界は、瞬間ごとに分岐しており、起こりうるすべての可能性の数だけ無数に存在している」**というもの。

ちょっと想像してみてください。今日の夕食で、あなたはラーメンを食べるか、それとも焼肉を食べるか迷っているとします。パラレルワールド解釈によれば、ラーメンを食べる世界も、焼肉を食べる世界も、実は同時に存在しており、それがあなたと環境との相互作用によって、確率的にどちらかの世界に入り込む、たとえばそんなイメージです。

これを先ほどの二重スリット実験にあてはめると、光子が波としてスクリーンに到着する現実と、粒として到着する現実、どちらもパラレルに存在していて、実験者と環境、環境と環境の相互作用によってどちらかひとつの世界に入り込む、というワケです。

つまり、コペンハーゲン解釈のいうような「観測者」が必要ないため、キレイに説明ができる。パラレルワールド解釈は、量子力学の不思議な現象をすべて説明できる注目すべき考え方なのだ。

パラレルワールドはほんとうにあるのか？

「でも、本当にそんなことがあり得るの？」

またまたツッコミありがとうございます！

実は、「この現実世界全体が量子状態にあるかもしれない」という、パラレルワールドを裏付けるような事例、つまり目に見える大きさの物質でも量子状態が確認され始めているんです。

いくつかある事例のなかでも最も驚きだったのは、ＭＩＴ（マサチューセッツ工科大学）の研究でした。論文によれば、２００kWのレーザービームを40kgの鏡に照射することで、鏡全体を10のマイナス20乗ｍの幅で量子的ゆらぎ状態にすることができたとのこと。

量子的ゆらぎ…物体の位置が確率的にしか存在できない状態。

ゆらぎの幅は非常に小さかったものの、はじめて人間サイズの巨視的（マクロ）な物体に「量子的ゆらぎ」が観察されたというこの論文は、2020年7月、国際的な週刊科学ジャーナル「Nature」に掲載されました。

この論文は、「小さな世界」と「大きな世界」の境界線が、私たちが思っているほどはっきりしたものではないことを示唆しています。

ただ、パラレルワールド解釈には決定的な問題があります。

それは、**「一度分岐したらもう片方の世界の存在を実験で確かめることができない」**という問題。

確かめようのないことを、私たちはなかなか受け入れることができません。地動説が提唱された時代の人々が、「地球が動いているなんて信じられない。だって感じないじゃないか」と反論した気持ちがよくわかりました……。

では、なぜ私たちにはひとつの現実しか見えないのでしょうか？

ここで重要になるのが「デコヒーレンス」という概念です。

現代の私たちは、地球が自転しながら太陽の周りを猛スピードで回っていることを知っている。でも、日常生活でそれを実感することはない。同じように、私たちの世界が常に分岐を繰り返しているとしても、現状ではその瞬間を感じることはできないのだ。

1970年、ドイツの物理学者ハインツ・ディーター・ツェーは「デコヒーレンス」という画期的な概念を提唱しました。

めちゃくちゃかみくだいてたとえると、次のような感じです。

ラーメンを食べるかどうか迷っているとき、あなたの行動は、周りの環境（お腹の空き具合、時間、場所、周りの人の影響など）との相互作用によって、あるタイミングで瞬時に、「確率的に」決まっていきます。そして気づいたら、「ラーメンを食べる」あるいは「焼肉を食べる」どちらかの世界に確定していた。これがデコヒーレンスです。

私たちと環境、環境と環境との相互作用はものすごい速度で絶え間なく起こっており、そのたびに現実は確率的に決定されていきます。私たちにはその過程は見えませんが、結果として私たちが体験する現実世界は、この確率的なプロセスによって意識するより速く選び取られている。

「私たちと環境、環境と環境が相互作用する度に現実は確率的に決定されていく」ということです。

第4章で詳しく解説しますが、ここでお伝えしておきたいのは、たとえ

私たちの周りには、常に空気の分子が飛び交い、光の粒子が当たっている。こんな、なんてことはない相互作用によってデコヒーレンスは起きる。要は「可能性の重ね合わせ」が環境との相互作用によって、ある特定の状態に「決まっていく」という現象のこと。

デコヒーレンスはとんでもなく急速なプロセスで100ピコ秒に満たない時間しかかからないとされている（ピコ秒は1千億分の1秒）。

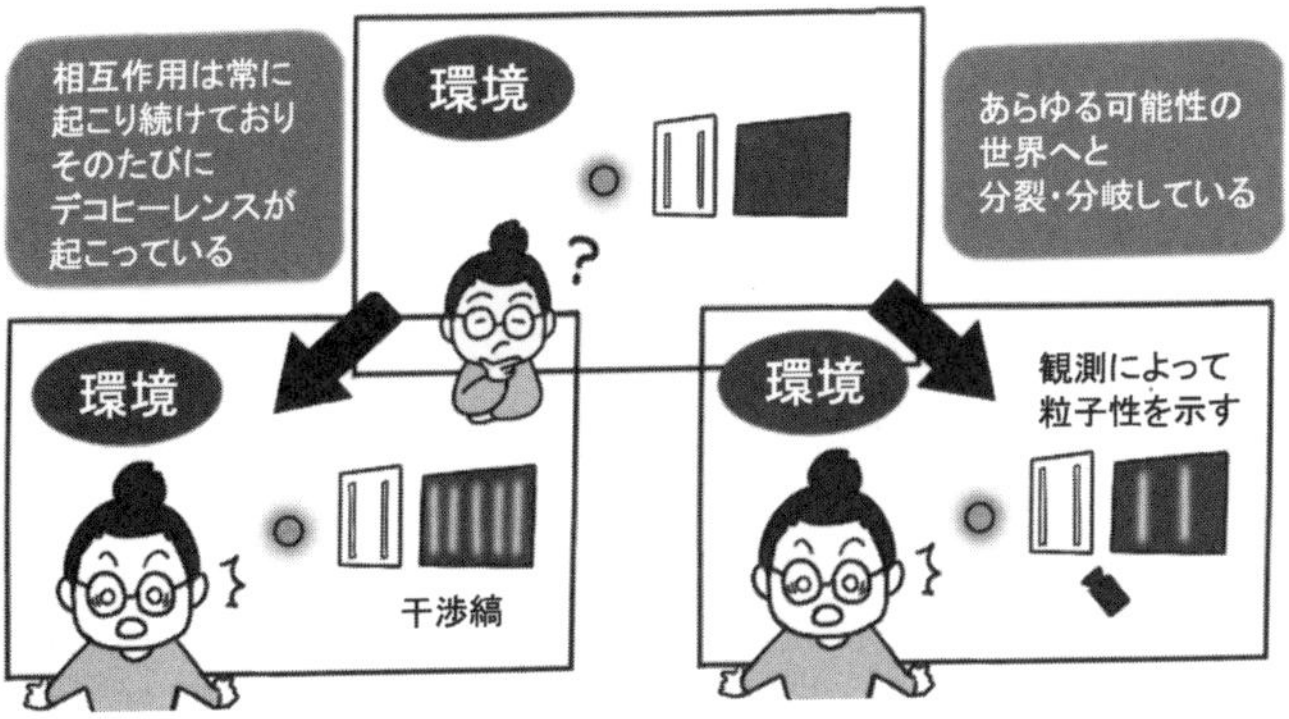

ば**未来に2つの大きな可能性がある場合、現実化の確率を変動させるのは、後からやってくる意志ではなく、無意識領域にある「思い」「イメージ」の力**である、ということです。

はい。ここまでの量子力学の知見は、私たちの「現実」が思っていた以上に不思議なものであることを教えてくれました。

ここでひと息つきたいところですが、でも、まだ大きな謎が残っています。私たちの心は、この確率的な世界の中で、どのようにしてある特定の現実を選び取っているのでしょうか？

カオスから創発する脳と脳

「シャワーを浴びているとき、ふと頭の中でこんがらがっていた問題の解決策が浮かんだ」なんてことありませんか？

私たちひとりひとりの脳の中、そしてあなたと私の間でも、このような「混沌《カオス》から秩序が生まれる」現象が、常に起きているのです。

科学ではこのような現象を**「創発」**と呼びます。

そして、この「創発」という概念を理解することで、私たちの意識や現実がどのように創られているのかが見えてくるんです。

先ほどは量子力学のパラレルワールド解釈について見てきましたが、ここからはその知識と「創発」という考え方を組み合わせて、もっと身近な視点から**現実創造のメカニズム**を探っていきましょう。

創発…複数の要素が相互作用することで、個々の性質からは予測できない新しい性質や秩序が自然に生まれること。たとえば、水分子が集まって雪の結晶ができるように。

カオス…一見無秩序に見える状態。しかし実は、その中に秩序を生み出す可能性を秘めている。

オーケストラの演奏を思い浮かべてみてください。各楽器が異なる音を奏でているにもかかわらず、私たちはそれをバラバラの音の集合としてではなく、ひとつの調和のとれた「音楽」として体験しますよね。これと同じで、脳はバラバラの情報を、ひとつの意味のある「現実」として体験しています。

これは私たちの脳が持つ驚くべき能力です。脳は意識と無意識という2つのシステムを使って、この現実世界を理解し体験しているのです。

でも、ここまで紹介してきた研究でわかってきたことは、「意識は遅い」ということでした。

面白い実験をご紹介します。その課題は、画面上で光が点滅したら即座にボタンを押す、というシンプルなもの。何度か練習すると、人は0・22秒で反応できるようになります。ところが「少し遅れて（0・24〜0・25秒で）押してください」と指示すると……なんと反応時間は0・55秒にまで遅くなってしまうんです。

考えてみれば、私たちの体は常に無意識のシステムで動いています。

ピアノを習っていた人なら思い当たるフシがあると思いますが、曲を完璧に弾けるようになると、指が自然と動く。でも「間違えないように気をつけよう」と意識し始めると、かえって弾けなくなってしまう。だから優れたピアノの先生は「本番で間違えても、そのまま弾き続けなさい」とアドバイスするそうだ。

心臓を動かし、呼吸し、体温を調節する。これらひとつひとつを同時並行で「意識的」にコントロールしなければならないとしたら……考えただけでパニックになりそうですよね（笑）。

そして、ここからさらに面白くなります。この無意識のシステムは、単に自動的に働いているだけではありません。様々な情報を組み合わせて、まったく新しいものを生み出しているのです。

たとえば、あなたが友人と会話をしているとき、実はものすごい量の情報処理が行われています。

相手の表情、声のトーン、姿勢、周りの環境。それらの情報が無意識のうちに組み合わされ、「いまの発言は冗談だな」とか「ちょっと気分を害しているかも」といった、新しい理解が無意識に生まれ、瞬時にそれに対応している。

これは私たちひとりひとりの脳の中だけでなく、人と人との間でも起きていることです。

たとえば、グループでアイデアを出し合っているとき、誰かの一言がきっかけとなってまったく新しい発想が生まれたり、最初はバラバラだっ

た意見が組み合わさって、ひとつの大きなアイデアにまとまったり。

また は音楽の即興セッションで、各メンバーが自由に演奏しているうちに、気づけば美しいハーモニーが生まれていた……というような瞬間にも起こっています。

このように、人と人が関わり合うことで、ひとりひとりの活動では想像もつかなかったような**「新しい何か」が自然と生まれる**ことがあります。

私たちは、「分散したシステム」「まったく異なるプロセス」から生まれた情報を組み合わせ、お互いに作用させて、新しい「何か」を創り出しているワケです。そしてその中で整合性のあるまとまりとなって存在しているのが、「私」。

これらの現象は、まぎれもなく「創発」です。

そう考えると、私たちの脳はものすごいことをしていますよね。

ここからは、この「創発」がどのように私たちの現実を創り出しているのか、具体的に見ていきます。でもちょっとその前に、「カオス」について理解を深めておく必要があります。

あなたの中にあるカオス

「明日、晴れるといいなぁ……」

週末のハイキングに向けて天気予報を確認するとき、私たちは不思議な経験をします。その日の予報では3日後は「傘マーク」だったのに、翌日の予報では「晴れ」に変わっていたりする。気象予報士も気象衛星も、スーパーコンピューターも、明日の天気さえ完璧には予測できません。

この不思議を解明する鍵が、**「カオス」**という考え方です。私たちの感覚的予測に反するこの概念は、200年以上信じられてきた「すべては予測可能」という科学の常識を根底から覆しました。

そして、このカオスの発見は、私たちの人生における「予測不可能性」の本質を明らかにしてくれるのです。

現代の科学技術は宇宙にロケットを飛ばし、火星に探査機を着陸させることもできる。なのになぜ、明日の天気すら正確に予測できないんだろう？　と疑問に思ったことはないだろうか。

カオス理論…一見無秩序に見える現象の中にある、予測不可能だが一定の法則性を持つ振る舞いを研究する理論。

この話をするには、少し歴史を遡る必要があります。

ニュートンという天才が物質の運動法則を発見して以来、科学者たちは「この世界のすべては予測可能だ」（決定論）と考えるようになりました。ボールを投げれば、その軌道は完璧に計算できる。惑星の動きだって、数式で表すことができる。そう、情報さえ十分にあれば、未来は確実に予測できるはずだ――。

たしかに、目の前のボールの軌道なら予測できます。月の動きだって計算できる。でも、たとえばもし、強い重力を持つ3つの天体が互いに引っ張り合っていたら？

1900年、アンリ・ポアンカレという物理学者がこの「三体問題」の前進に大きく貢献して話題となります。彼は、3つの天体の動きを正確に予測することは理論的に不可能であり、初期条件のわずかな違いが時間とともに予想を超えて大きくなっていくことを発見したのです。

この発見があまりに衝撃的だったことは、近年話題になった小説を見てもわかります。

中国のSF作家・劉慈欣《りゅうじきん》の『三体』（早川書房）です。この小説は、三体

決定論…すべての出来事には原因があり、その原因がわかれば結果は必ず予測できるという考え方。

三体問題…古典力学において、3つの物体が互いに重力で影響し合う運動を予測する問題。3つの物体の動きは非常に複雑で、一般的な解を数学的に求めることができないことが知られている。このため、18世紀から天体力学の重要な研究テーマとなってきた。

問題をモチーフに、宇宙文明との出会いを描いたもので、アジア初となるヒューゴー賞も受賞。アメリカのオバマ元大統領も「人類の未来について考えさせられる」と絶賛したそうです。

この作品が多くの人々を魅了したのは、「予測不可能性」という現代的なテーマに深く切り込んでいるからかもしれません。

この**「予測不可能な状態」こそが「カオス」**です。

気象学者のエドワード・ローレンツは、このカオスの性質を美しい比喩で表現しました。「ブラジルで蝶が羽ばたけば、テキサスで竜巻が発生するかもしれない」――これが有名な「バタフライエフェクト」です。

私たちの人生も、実はこの「カオス」そのものかもしれません。

たったひとりの、たったひとつの選択が、予想もしなかった結果をもたらすことがある。

でも、それは決して「すべてが無秩序」というわけではなく、カオスの中にも、ある種の法則性や美しさが隠れているんです。

ヒューゴー賞…SFやファンタジー作品やその関連人物に贈られる文学賞。SF界のノーベル賞ともいわれている。

バタフライエフェクト…小さな変化が、時間の経過とともに予想外の大きな結果をもたらす現象。

創発という自由

「蟻1匹の力はこんなに小さいのに、なぜ蟻の巣はこんなにも精巧で複雑なものになるのか」と不思議に思ったことはありませんか?

1匹1匹は単純な行動しかできない蟻たちが集まると、突如として高度な建築物を創り出し、効率的な食料調達システムを構築する。これは、まさに「創発」と呼ばれる不思議な現象の一例です。

私たちの周りには、このような「部分の単純な足し算では説明できない」現象があふれています。そして実は、あなた自身も、この「創発という自由」の中で生きているのです。

「えっ、創発が自由? どういうことですか……」

「部分の単純な足し算では説明できない」現象の例としてたとえば、「水」を考えてみよう。水素と酸素という気体が結合すると、なぜか液体の水になる。さらに不思議なことに、その水が集まると、まるで芸術作品のような繊細で美しい雪の結晶が創り出される。これも「創発」だ。

さらにツッコミありがとうございます！

これまで見てきたように、私たちにはある意味で「自由意志」はありません。でも、だからこそ逆説的に、私たちは真の自由を手に入れることができる。その鍵が「創発」なんです。

創発は私たちの意識や自由に深く関係しています。

私たちの脳の中では、様々な部分が複雑に絡み合って働いています。そして面白いことに、その働きはひとつひとつの部分の単純な足し算では説明できない、まったく新しい何かを生み出しています。

たとえば「優しさ」。脳のどこかに優しさを司る「優しさセンター」があるわけではありません。

様々な経験や感情、記憶が組み合わさって、その場その場で「優しい行動」が生まれている。これも一種の創発といえるでしょう。

さらに興味深いのは、この創発は私たちひとりひとりの脳の中だけでなく、人と人との間でも起きているということ。

たとえば「文化」を考えてみましょう。誰かが「これが正しい文化だ」と決めてつくり始めたわけではないのに、人々の相互作用の中から自然と生まれてきたものですよね。

こうして人と人との関わり、環境との相互作用の中で、予期せぬ可能性が次々と生まれている。その予測不可能な創造性こそが、実はほんとうの「自由」なのではないでしょうか。

ガザニガ博士がいうように、私たちの脳は常に多様なシステム、様々な状態、外からの影響が交錯する中で機能しています。その複雑な相互作用の中から、新しい思考や感情が、自由に、創発的に生まれてくるのです。

たとえば、単体の脳を調べても「罪悪感」というものがどう生まれているのかは解明できません。罪悪感は、他者との関わり、社会的なやりとりから生まれるものであり、この現実世界に脳がひとつしか存在しなければ生まれないものでした。

そこに、複数の脳が関わることで複雑性が生まれ、新しい性質を持ったまとまり（社会・文化）が立ち上がり、新しい秩序が生まれていきます。

罪悪感も、責任感も、孤独も、「私」ひとりでは存在しなかったものです。

そして自由も、それを強く感じさせる不自由も、いくら個々の脳の中を調べても見つからず、それらは人間と人間、そして人間と環境との相互作用の中から自ずと立ち上がってくるものなのです。

自由は神様に与えてもらうものでも、ひとりの人間の意志によって獲得できるものでもありません。

ほんとうの自由は、ひとりひとりの内側にあるもの。自《おの》ずからに由《よ》るもの。つまり、私たちの心によって生まれるということ。

「創発という自由」における大きな気づきは、自我的（左脳的）な意志、外側で起こる出来事、他者によって作られた状況の中には自由はない、ということでした。


意志より先に動いている無意識も、遅れて解釈している意識も、すべていま、私たちひとりひとりの中から、創発によって自由に生まれたもの。ぜんぶ無意識のせいだとしても、「私」に強く関係する出来事は、すべて「私」に由来するものです。外側との関係さえも自分の心のものとするところから、ほんとうの自由が始まります。

日本語の「自由」という言葉は、仏教に由来している。私たちは外的な要因でうまくいかないことがあると、「自由になりたい！」と感じるが、ブッダによれば、自由とは「自ずからに由る」もの。外側を探しても見つからず、私たちの内側から湧き上がるものである、ということなのだ。

自由は「現実は私たちひとりひとりの心によって創造される」「自ずから に由る」と思い定めたときにはじめて感じられることなのです。

そもそもの話だった、私たち個々に自由意志があるかないかという議論を飛び越えて、実は自由意志という言葉そのものが、意味として成立していない可能性が見えてきました。

個々の行動は、私たちが属している時代・文化・環境、そしてそこにいる人、全体が相互作用して起こる「創発という自由」の中から生まれた結果であり、そのことを自分事として、「これが私の人生だ」と思い定めることによって、ほんとうの自由が始まる、ということです。

この視点は、第3章で詳しく見ていく「自己限定からの解放」という話にもつながっていく。なぜなら、不自由や制約の原因は外側にはなく、私たちひとりひとりが、創発という自由の中で生み出しているものだから。これを理解することで、私たちが無意識に創り上げている限界を超えることができる。

科学が仏教に追いついた？

「意志の遅れ」

「現実創造のメカニズム」

「ほんとうの自由の意味」


ここまでの話を読んで、あなたはどう感じましたか？

実は、これらの現代科学の発見は、**2500年以上前にブッダが瞑想を通じて洞察していた世界観と、驚くほど一致しているの**です。

このことは私たちに何を教えようとしているのでしょうか？

ここから、古代の智慧と現代科学の驚くべき一致を見ていきましょう。

きっとあなたの「現実」の見方が、大きく変わるはずです。

まずは、脳科学が明らかにした意識の遅れについて、少し違った角度からおさらいしましょう。

「私が動かしている」と思っている私たちの行動も感情も、実は意識より先に起こっていますが、さらにいえば、**五感で感じたことさえ実際には遅れています**。

ちょっと実験してみましょう。指で鼻に触れてみてもらえますか？

どうですか？

指と鼻に「同時に」感覚を覚えたのではないでしょうか？

でも実は、その感覚、バグってます。

実際は、鼻と指の感覚を脳に伝える時間にはわずかな差があるはずなのに、私たちはその差を感じません。なぜなら、脳が受け取った情報を加工して「同時に起こった」という物語を創り出しているからです。

つまり、私たちの意識が「いま」だと感じている世界は、**実際には少し前に起こった出来事**なのです。

私たちの意識は、脳が処理を終えた後に生じる「後づけ」の経験にすぎません。現象からは常に遅れて世界を認識しているのに、あたかも遅れがないかのように処理される――これが「現実」なのです。

鼻の感覚を伝えるニューロン（神経細胞）は約8㎝、指の感覚を伝えるニューロンは約1mです。神経信号の伝達速度は同じなので、鼻と指の感覚を脳に伝える時間には250〜500ミリ秒の差があるはず。

続いて、量子力学のパラレルワールド解釈についてざっくりおさらいです。

「この宇宙全体が量子状態にある。私たちが生きているこの世界は、瞬間ごとに環境と環境の相互作用によって確率的、自動的、かつ勝手に分岐しており、その相互作用の可能性の数だけ分岐した世界が並行して存在している」

重要なのは、提唱者のエヴェレット3世が指摘したように、これは**私たちの意識や観測とは関係なく、自動的に起こっている**ということ。

環境側は一足先に確率的に決まっており、私たちの意識はその後から「分岐後の現実」を認識しているのです。

ではここから、仏教の世界観を軸に、脳科学とパラレルワールド解釈を1本の線にしていきます。

佐々木閑《しずか》著『仏教は宇宙をどう見たか　アビダルマ仏教の科学的世界観』（DOJIN文庫）によれば、アビダルマ仏教とは、大本のブッダ時代のオリジナル仏教を体系化した唯一の仏教哲学です。

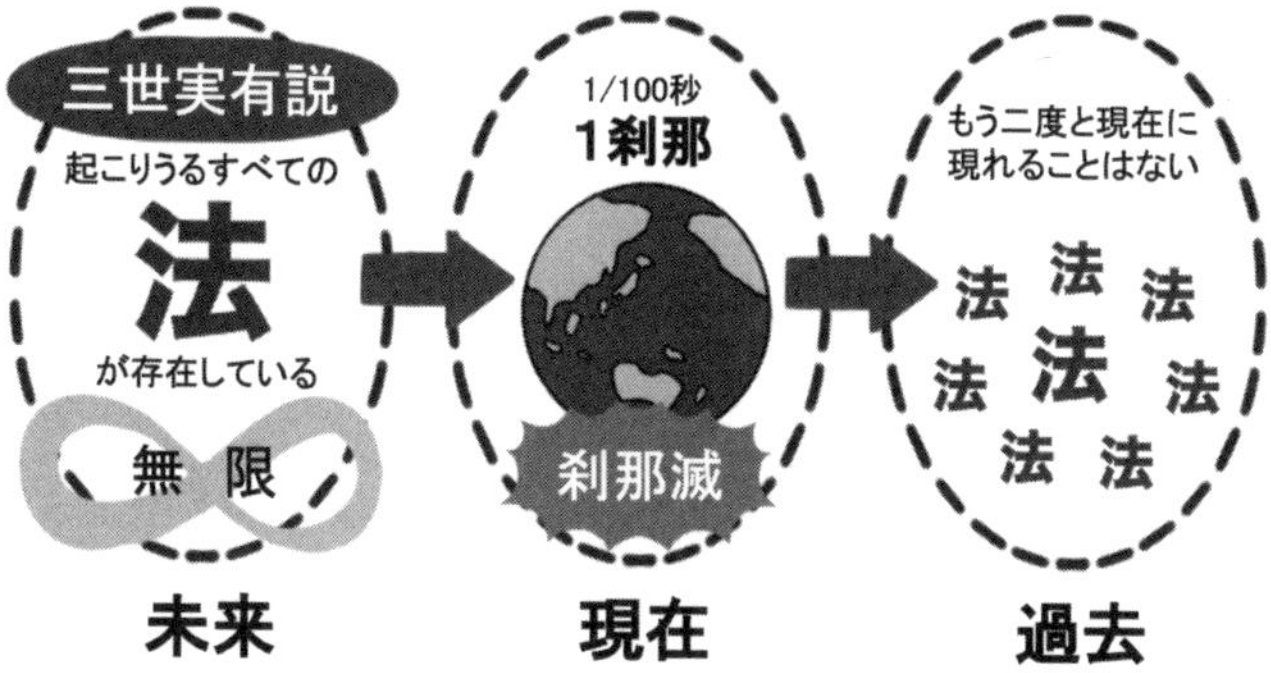

仏教では、「時間」は実体のない虚構だと説きます。そして、未来には「現在へと移行する可能性を持った法（実在要素）」が無限に存在していて、様々な条件が揃うと「現在」という領域に移動すると考えました。

「現在」という領域こそが、私たちがまさに「いま」認識しているこの世界。「現在」にやってきた法は、世界に何らかの作用をするのですが、やってきたその刹那《せつな》に消滅し、文字通り「過去」へと過ぎ去っていきます。

そして、いったん過去に移った法は、もう二度と現在に現れることなくそのまま過去の法としてあ

未来には、現在へと移行する可能性を持った法と、その可能性を失った法が混ざりあって無限に存在していて、様々な条件が揃うと「現在」に移動する。アビダルマ仏教の時間論を要約すると、「起こりうる可能性の数だけ未来がある」「様々な条件が揃うと未来が現在へと移動してくる」となる。現実は一足先に決まっており、様々な条件が揃うことで、私たちの意識が「いま」を経験するということ。

り続けます。

「現在」領域での滞在時間はわずか1刹那。1刹那は、現代の単位でいうとおよそ100分の1秒に相当します。この「すべての法は現れた刹那に消えていく」という現象を仏教用語で「刹那滅《せつなめつ》」といい、未来から現在へ、現在から過去へと常に法が移り変わっていく現象を「諸行無常」と呼んでいます。

ここまでのことをまとめると……、脳科学は「意識は後づけの経験である」といい、量子力学は「環境は先に決まっている」と示唆し、仏教は「未来から現在への法(実在)の移行」を説きました。

アプローチはまったく違いますが、2500年以上前にブッダが瞑想によって辿り着いた世界観は、現代科学によって解き明かされてきた世界の仕組みと驚くほど似ているのです。

脳の創発と仏教の縁起

現代科学との一致は、仏教の根本思想「縁起」にも見ることができます。「縁起」とは、簡単にいえば「すべての現象は相互に関連し合って生じる」という仏教の考え方。

先に紹介した、複雑系科学・カオス理論でよく使われる「バタフライエフェクト」は、「一見無関係に見える出来事も、実は深いところでつながっている」という意味において、仏教の「縁起」とも共鳴します。

複雑系科学と仏教の縁起の重なりをまとめます。

予測不可能性…縁起が説く「因果関係はシンプルではない」という考えは、科学でいう「複雑系」そのもの。小さな原因が、思いもよらない大きな結果を生むことがある。

縁起…「すべての現象は、様々な原因や条件がたまたまとしか言いようのない無数の『縁』が連鎖し、ここに至っている。すべての現象は、様々な原因や条件が折り重なり、相互に関係し合うことによって成立している。特定の存在は、それ自体として独自に存在しているわけではない」という仏教の考え方。

複雑系科学…小さなスケールで多数の要素が複雑に絡み合い、中枢的権威やリーダーがなくとも自発的に自己組織化し、不思議な構造や振る舞いを大きなスケールで生み出す事象の仕組みを研究する学問分野。例として、

創造性…縁起も現代科学も、「要素と要素が出会うことで、まったく新しい何かが生まれる」としている。

全体性…水の性質が水素と酸素の性質を足し合わせただけでは説明できないように、「全体は部分の単なる足し算ではない」という点でも両者は一致している。

こうして見ると、古代の智慧と現代科学が驚くほど似た世界の見方を示していることが改めてわかります。

脳、生命現象、生態系、気象現象、人間社会などが挙げられる。

ぜんぶ無意識のせい

「いやいやいやいや！　ちょっと待ってくださいよ……」

「やっぱり結局、自分では何もできないってことじゃないですか？」

もう左脳崩壊寸前ですよね！

もちろん、本書はそんな絶望的な話をして終わりたいわけではありません。ですが、「ぜんぶ無意識のせいだった」と絶望した上でないと辿り着けない境地があるのです。

これまで見てきた通り、私たちの意識や現実は、脳と脳、脳と環境、環境と環境の複雑な相互作用から自然と生まれています。しかもその大部分は、私たちの意識が及ばない無意識の領域で起こっています。

「だから、私の人生はぜんぶ無意識が勝手に決めちゃってるってことでしょ……」

はい、その通りです。

「え……？」

あ、誤解しないでいただきたいのですが、むしろ、いまあなたがツッコミを入れてくれたそのことを理解することで、思いもよらない可能性が開けてくるのです。

ここまで、絶望したのにまだこの本を読んでくださっているあなたは、間違いなくその先にある絶景に辿り着けますのでご安心ください！

ここからは、心理学の視点から「ぜんぶ無意識のせい」であるといえる、より日常的で具体的な例を見てみましょう。

人生脚本――あなたの不幸はこうして創られる

「なんで私、いつも同じようなことを繰り返してしまうんだろう」
「わかっているのに変われないのはなぜなのか……」

こんな風に悩んだことはありませんか？

実は、私たちの行動や感情、そして**思考の大部分は、「人生脚本」という無意識のシナリオに従って動いている**んです。まるで、見えない糸に操られる人形のように。

『人生の99％は思い込み』（ダイヤモンド社）の著者である心理学者の鈴木敏昭さんは、私たちの人生の大部分が「思い込み」によって創られていると主張しています。

そして、この思い込みの根源にあるのが「人生脚本」。

人生脚本…アメリカの精神科医であり、「交流分析」という心理学を開発したことで有名なエリック・バーンが提唱した概念で、主に7歳くらいまでに無意識のうちに形成される、人生の青写真のようなもの。

「人を悲しませちゃダメだよ」
「将来はいい大学・いい会社に入って立派な大人になりなさい」
「○○君は落ち着きがないですね」
「周りの人のために尽くすのが、愛情なのよ」

など、親や周囲の大人たちからの言葉や態度、経験などによって創り上げられるこの脚本は、**私たちの行動パターンや人生の選択に大きな影響**を与えます。

実は私たちは、様々な体験を通じて感じたことをもとに、**心の中で「自分はきっとこんな人生を送るだろう」という人生の脚本を、気づかぬうちに無意識領域に書き込んでいる**のです。

何度もいいますが、重要なのは、この人生脚本が無意識のレベルで機能しているということ。私たちは自分でも気づかないうちに、この脚本に沿って行動し、人生を歩んでいます。

人生脚本はとても強力で、脚本に合わない生き方をしていれば、無意識のうちにもとの人生脚本に合う生き方へと引き戻されてしまいます。

私のジャーナリング講座に参加しているNさんのエピソードをご紹介します。あるセッションで、彼女は悲しそうに打ち明けてくれました。

「何をやっても長続きしないんです。仕事でも、趣味でも、人間関係でもいつも途中で投げ出してしまって……。『またいつもの調子だね、あなたは何がしたいんだ？』って、ずっと自分に問いかけているんです」

詳しく話を聞くと、Nさんは子どもの頃、自分の興味を追求しようとするたびに親や先生に否定されていたことがわかりました。

「そんなことより勉強しなさい」

「そんなの何の意味もない」

などと言われ、次第に、自分が心から興味を持ったことに取り組んではいけないと思うようになったのではないか、とNさんは振り返ります。

そして、大人になっても、新しいことを始めようとするとすぐに「どうせ長続きしないんだろう」などの否定的な声が聞こえてきて、本気で取り組む前に諦めてしまっていたのです。Nさんはため息をつきながらいいました。

「私は何をやってもダメなんです。きっとこれからも、何も成し遂げられないまま人生が過ぎていくんでしょうね……」

これはまさに、「心から興味を持ったことに取り組んではいけない」という望まない人生脚本に縛られている例です。

こんな話を聞くと、「ほらやっぱり、どうしようもないということじゃないか」と思ってしまうかもしれません。

でも、ちょっと待ってください。

人生脚本は書き換え可能なものなのです。

もしあなたが、「人生脚本を書き換えたい！」と思ったなら、まずは、「これは脚本に過ぎないのだ」と冷静に考えるだけでも大いに効果があります。

不幸な人生脚本は、「①幼少期の禁止令」と、それによって生まれる「②4つの構え」によって無意識領域に書き込まれます。

❶ 幼少期の禁止令

すべては禁止令から始まります。子どもの頃、親からの禁止の言葉を受け取ったとき、親の愛を得なければ生きてイケナイ、だから禁止令を自分に課さないとイケナイという思い込みが生まれました。それは大人になってからもなかなか消えません。

代表的な禁止令は「何もするな」「お前であるな」などの13個。

この言葉をそのまま受け取った場合もあれば、違う言葉だった可能性もあり、親の態度や動作から子どもながらにそう感じ取って思い込んだものもあります。

そして、**こうした禁止令によって4つの世界の捉え方が生まれ**、いまのあなたの人との関わり方に影響を与えているのです。

何もするな！お前であるな！
子どもであるな！成長するな！
感じるな！考えるな！
近寄るな！成功するな！
自分のことで欲しがるな！
健康であってはいけない。
重要な人になってはいけない。
所属してはいけない。
存在するな…

❷ 4つの構え

1．私もOK、あなたもOK
2．私はNG、あなたはOK

3．私はＯＫ、あなたはＮＧ
4．私はＮＧ、あなたもＮＧ

望ましい構えは1の「私もＯＫ、あなたもＯＫ」で、自分も他人も肯定する構えです。

最も問題のある構えは、自分も他人もすべてを否定してしまう、4の「私はＮＧ、あなたもＮＧ」でしょう。


幼少期の禁止令などによって、人生を、この世界をどう解釈するかが決まります。

「私の人生、なんかいつもいいところでうまくいかない」というのは、禁止令と構えによって無意識領域に書き込まれた人生脚本のせいなのです。

それでも思いは現実化する

「意志の力で頑張ればなんとかなる」

私たちはつい、そのように考えがちです。

しかし、ここまで見てきた知見は、まったく異なる世界の見方を示してくれました。

まず脳科学は、私たちの意識が行動や感情の後から生まれる「後づけの解釈」にすぎないことを明らかにしました。

量子力学のパラレルワールド（多世界）解釈は、この現実世界が、私たちの意識とは無関係に、環境との相互作用によって確率的に決定されていくことを示唆しています。

そして、脳と環境、環境と環境の絶え間ない相互作用から、予測不可能な可能性が次々と生まれる「創発という自由」こそが、ほんとうの自由なのだと気づきました。

これらの発見は、2500年以上前にブッダが瞑想を通じて洞察していた「すべては縁によって生まれる」という世界観と、驚くほど重なり合っています。

この視点に立つと、私たちはまるで大きな川の流れの中にある一粒の水滴のように思えてきます。すべてが自然に流れており、その流れの中で私たちは生きている。そして、その流れの一部を見て、原因と結果を簡単に紐づけ、一喜一憂しているのです。

でも、だからこそ逆説的に、**「思い」が持つ驚くべき力**に気づきます。

「思い」は、私たちの広大な無意識領域から生まれます。本能・感性・知性という3層構造を持つ「心」、脳幹・大脳辺縁系・大脳新皮質という「3つの脳」のダイナミックな相互作用から、「思い」は創発されます。

ぜんぶ無意識のせいです。でも、「思い」は大河のように大きく、強く流れています。私たちは、自由に流れる「思い」によって動かされ、現実を創造しています。

第2章の内容は少し複雑に感じられたかもしれませんが、**やるべきことはめちゃくちゃシンプル**です。それは「思いという道具を正しく使う」こと。

そのためのステップは、次の3つです。

- **無意識を観察する**
- **過去を変える**
- **未来の記憶を思い出す**（↑第4章で詳しく解説します）

「思い」という道具の正しい使い方を知れば、恐れることは何もありません。むしろ、新たな可能性が開かれていくのを感じるはずです。

次章からは、ここまでで手に入れた世界観をベースに、人生を変える具体的な方法をお伝えしていきます。


いまこの文章を読んでいるということは、あなたはすでに新たな旅の準備を整えたということです。

これからあなたは、自分の内なる地図を広げ、未知の領域へと一歩を踏み出します。

そこにはワクワクするような挑戦や発見が待ち受けているでしょう。


人生における最大の喜びは、目的地に辿り着いたときに得られるものではありません。その道のり——出会い、気づき、そして自分自身との対話にあります。

ここからあなたの無限の可能性を解き放つ冒険が始まります。

一緒にその旅路を歩んでいきましょう！


世界観…現実を解釈する際の基本的な認識の枠組み。

第3章

「決定された人生」から自由になる

「人は自由だ。人生は自分の意志で決められる」

そう信じたい気持ち、わかります。でも実際には、

「なぜか同じ失敗を繰り返してしまう」
「いつも途中で諦めてしまう」
「本当に望んでいるはずのことなのに、一歩が踏み出せない」

といった経験が誰しもあるはず。

これはあなたの意志が弱いからではありません。ここまでお話ししてきた通り、意志は遅れてやってくる、後づけの解釈にすぎないのです。

私たちに自由意志がないのだとしたら、人生を変えることはできないのでしょうか？　いえ、むしろ逆です。

あなたの人生を決めるのは、行動の後にやってくる意志ではなく、あなたの「思い」そのものだと知ったからこそ、人生を変えることができるのです。

解釈…出来事に対して私たちが与える意味づけ。

思い…本能・感性・知性が複雑に絡み合って生まれる、現実創造の核となるもの。

私たちの行動や選択を決めているのは無意識。そして、その無意識を動かしているもの、現実とつながっているものは「思い」です。

そして、その**「思い」に大きな影響を与えているのが、「自己限定」という無意識のプログラム**です。

この章では、まず「思い」がどのように現実を創るのかをさらに深掘りし、次に、その思いを形どるもののひとつである、「自己限定」を解除する方法を紹介していきたいと思います。

もしあなたが「もっと自由に生きたい」「本当に望む人生を手に入れたい」と思っているなら、ここからが本番です。

それでは、「決定された人生」から自由になる旅に出発しましょう！

自己限定…思いによって作られた、可能性を制限する無意識の枠組みや思い込み。

イメージできないことは現実化しないことを実感する

「イメージできないことは現実化しない」

まずはこの原則を理解することが、自由な人生への第一歩です。第2章でお伝えしたように、「すべてのものは2度創られる」という法則があります。逆にいえば、「イメージできないこと」は現実化することはない、ということ。

このメカニズムを理解するために、「センスメイキング」という理論を紐解きながら、イメージと現実の関係を見ていきましょう。

ここでまずは「センスメイキング」を語る上で欠かせない物語をご紹介します。

イメージ…単なる想像ではなく、脳が現実を認識・創造する際の基本的な仕組み。

センスメイキング…ミシガン大学の世界的な組織心理学者カール・ワイクを中心として生み出された理論。

「厳冬のアルプス山脈で、ハンガリー軍の偵察部隊が猛吹雪に巻き込まれ、遭難の危機に陥った。吹雪を避けてテントに籠《こ》もり、凍えながら助けを待つしかない、という絶望的な状況。そのとき、ひとりの兵士がポケットから1枚の地図を発見する。『これで脱出できる』と、部隊は希望を取り戻し、地図を頼りに吹雪の中を進むことを決意。勇気をふり絞り行動したことで、偵察部隊は奇跡的に下山を果たした。

しかし、帰還した兵士たちから地図を受け取った上官は、驚愕の表情を浮かべる。なんと、その地図はアルプス山脈のものではなく、はるか遠くのピレネー山脈の地図だったのだ」

この物語は、**イメージには現実を創る力・イメージした結果を生み出す力が間違いなくある**ことを伝えています。

まず、地図が正確かどうかは、この場合においては関係がなかったこと、そして、その間違った地図がなければ偵察部隊に帰還のイメージは浮かばず異なる結末を迎えていた可能性が高かったことがわかります。地図によって帰還しているイメージが湧き「私たちは脱出できる」という思いを持ったからこそ身体が動き、奇跡が起きたのです。

続いて、私自身の体験です。

大学卒業後、東京でサラリーマンをしていたとき、埼玉の自宅から毎日片道約1時間半かけて満員電車で通勤していました。特に夏は大変です。会社に着く頃には汗だくで、「これから仕事か……」と憂鬱《ゆううつ》になっていました。

いま思えば満員電車での通勤はストレスが多く、様々な不調として表れていたにもかかわらず、そのときの私は「サラリーマンってこういうもの」「自分で選んだ会社なんだから」という思いから、ただただ我慢していました。

「これが普通の人生なんだ」と思い込んでいたのです。

ところが転機が訪れます。入社して3年目、子どもが生まれたのをきっかけに、ふと「大好きな長野県で暮らしたい」というイメージが心に浮かびました。その途端、人生が動き出しました。移住の話はトントン拍子に進み、なんと半年もしないうちに、長野での新生活がスタートしていたのです。

この経験から私が学んだことは、実はとてもシンプル。

以前の私は「満員電車で通勤するサラリーマン」という固定イメージの中で生きていました。でも、「長野で暮らす自分」という新しいイメージを持った瞬間、人生は劇的に変わったのです。

「そんなの当たり前だよね（笑）」

と思われるかもしれません。

おっしゃる通り、本当に当たり前のことなのです。

でも、私たちの多くは、日々の忙しさから、この当たり前のことを忘れてしまっています。

目の前の現実だけが「すべて」だと思い込んでしまう。

「なんでこんな辛《つら》いことを毎日続けなきゃいけないんだろう」と、心の奥ではため息をつきながら。

ここに、重要なヒントが隠されています。

「思いが、本来の私らしいイメージを閉じ込めることがある」

ということです。

あなたらしい欲求を満たす時間＝人生

イメージの力を理解したところで、次は私たちの中の「思い」という不思議な力に目を向けていきましょう。

いつも同じパターンで失敗する、そんな状況の裏には、実は自己限定的な思い＝「思い込み」という見えない力が働いています。

でも、その「思い込み」は決して敵ではなく、**むしろあなたを守ろうとする大切な働きから生まれている**のです。

私たちの「思い」は、忠実に、望んだ通りの現実を正確に創り出します。だから、その**「思い」次第で、人生はポジティブにもネガティブにも変わっていく。**

ここでは、「あなたらしい欲求」と「思い」――特に、ほんとうのあなたを隠し、守っている「思い込み」について説明します。

まず、あなたは「欲求」という言葉に対して、どんなイメージを持っていますか？　私は「抑えなければいけないもの」というネガティブなイメージを持っていました。

でも、これは**まったくの思い込み**でした。

欲求の最も重要かつ不思議な性質は、**心の中に自然と生まれるもの**であること。勝手に創り出すことも消し去ることもできない、自立した心の動きであり、外側から干渉することも操作することもできない、という性質を持っています。

そうして生まれた欲求は、過去の経験による認識・解釈によって意志より先に行動が起こり、そして感情による快・不快の判定、欲求の成否についての反応が起こります。

毎日の生活の中でこの「欲求→認識・解釈→感情」という連鎖がうまくいき、「自分らしい欲求」に対する満足が積み重なっていくことで、良い人生であると感じるワケです。

欲求とは、欲望・意欲・希望など呼び方は様々だが、本質的には私たちが「何かをしたい」と思うもの。

楽しさ・喜びを感じているときとは、すなわち「自分らしい欲求」が満たされているときであり、逆に苦しさを感じているときは「自分らしい欲求」が実現できておらず、否定的な感情が湧き起こっている状態。つまり、人生とは何よりも「自分らしい欲求」を満たしていく時間といえる。

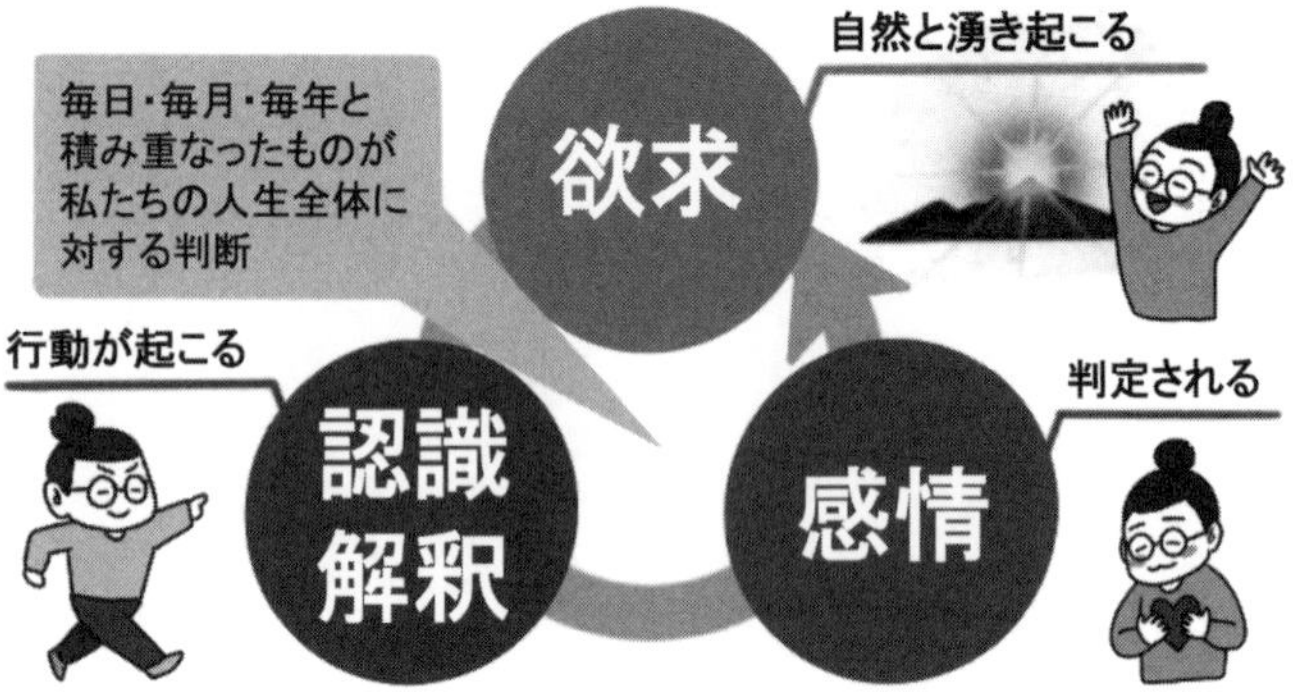

本来、欲求とその成就は単純なもの。

ですが、この単純な欲求でさえ、連鎖がうまくいかず満足を得られないことがある。

欲求の自然な動きを妨害し、認識・解釈を歪ませ、感情の精妙なセンサーを狂わせるものがあるのです。

それが**「思い込み」**です。

たとえば生存のための生物学的な一次欲求である「眠る・食べる」は、いま日本に生きる私たちにとっては比較的満足を得やすい欲求。

私たちを守っている「わたし」

「独立起業したいけど、失敗が怖くて」

「本当はやりたいことがある。でも一歩が踏み出せない」

こんな風に思ったことはありませんか？

実は、この「でも」「けど」という言葉の裏に、**あなたを守ろうとする大切な存在**が隠れているのです。

私たちの脳には、生存を最優先する「古い脳」と、思考や創造性を担う「新しい脳」という2つの脳があります。古い脳は、私たちの体温を36・5度に保ち、心拍を整え、呼吸を管理する。まさに、生命維持装置のような働きをしているのです。

この「古い脳」が「新しい脳」の持つ未来予測能力とつながることがあ

古い脳のように「一定に保つ」という機能は、私たちの心理面でも働いている。医学用語で「ホメオスタシス」と呼ばれるこの仕組みは、心の中では「現状維持バイアス」として機能する。たとえいまの状況が理想的でなくても、変化を避けて現状を守ろうとするのだ。

ります。

「でも、失敗したら……」

「もし、うまくいかなかったら……」

これらの声は、実はあなたを守ろうとする「わたし」からのメッセージなのです。皮肉なことに、この「守り」が強すぎると、かえって人生が窮屈になってしまう。変化を恐れるあまり、チャンスを逃したり、時として私たちの「自分らしい欲求」を妨害したりすることさえあります。

なぜこんなことが起こるのでしょう？

その答えは、幼い頃から創られてきた「思い込み」、特に**「満たされなかった過去の欲求」**が大きな影響を与えています。

私たちの多くは「我慢することは美徳である」と教えられてきました。欲求を口にすることは「わがまま」で「自己中」だと。

ここで、私自身の体験をお話しさせてください。これは「思い込み」がどのように形成されるのかを、具体的に理解するためのヒントになるかもしれません。

私が3歳の頃の出来事です。

ある夜、目が覚めると、いつもそばにいるはずの両親の姿が見当たりませんでした。幼い私は恐怖を感じ、アパートの3階から階段を降りて、大泣きしながら道路に飛び出します。幸い、2階に住むおばちゃんが見つけてくれて、両親が帰ってくるまで保護してもらいました。

この出来事の後、弟が生まれます。両親は自営業のスーパーを始めたばかりで忙しく、母は新生児の弟の世話に追われていました。

そんな中で私は、周りの大人から「お兄ちゃんなんだから」という言葉を何度も聞かされ、「良い子でいること」「我慢すること」で褒められる経験を重ねていきました。

その結果、私の中に次のような「思い込み」が形成されました。

「人に甘えず我慢できる人間にならなければ、愛されない」

この思い込みは、その後の人生に大きな影響を与えることになります。

気づけば、小学生の頃からいままでずっと、私は徹底的に周りの評価を気にする人間でした。友人との些細な競争、先生からの褒め言葉、クラスの人気者からの承認……振り返ると、常に誰かの評価を求めていました。

誤解のないようにいっておくと、両親が私に精一杯の愛情を注いでくれていたことは間違いありません。記憶を辿れば感謝しか湧いてきません。それとはまったく別次元の話として、幼い私は「愛されるためには我慢しなければならない」という思い込みを自らの中に刻み込み、それが長年、私の心を守るために、行動や選択に介入していたのです。

そして、ここまでお話ししたようなことが積み重なり、こんがらがってしまった先に起こるのが「自己欺瞞《じこぎまん》」です。これは、「わたし」という一貫性を保つための自我・左脳による都合の良い解釈であり、自分らしい欲求をごまかそうとする行為です。

「ほんとうは違うことに興味があったんだ」と無理矢理別の欲求を駆り立てて、現実の不満から目を逸らす「欲求のすり替え」が無意識的に起こったりします。

すり替わった欲求を満たしても、それは「ほんとうの欲求」ではないの

たとえば、恋人にフラれたり、同僚にバカにされたとき。辛くて悲しくて、本当は承認や愛の欲求を満たしたいと感じているのに、やけ食いや深酒をしたり、家族に八つ当たりしたり、無理して仕事に没頭したりすることがあるだろう。これが「欲求のすり替え」である。

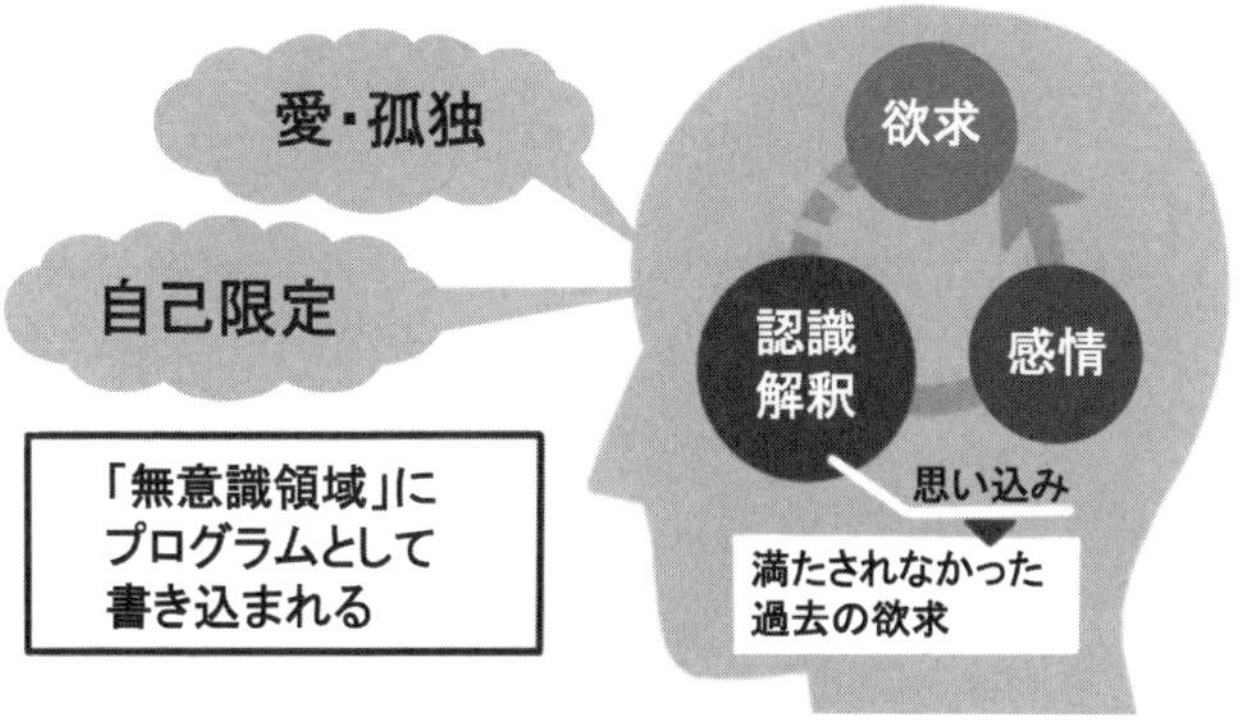

で、いつまでも満たされません。

このように「思い込み」によって禁止された欲求は、意識にのぼる前に捨てられますが、それは消えることはなく、無意識領域に溜まっていきます。そうして不満だけが蓄積されていき、人生全体に対するあなたの判断につながっていくワケです。

一番の問題は、**自分の「ほんとうの欲求」が見えなくなってしまうこと。**

私たちの脳は生存のために、そして安定のために、頑強な防衛シ

「思い込み」が形作られるもうひとつの大きな要因として、「偏差値が低い」「順位が下がった」こんな言葉で評価される教育システムが挙げられる。誰もが多かれ少なかれ、幼い頃から「比較」という物差しで自分を測り、また様々な理由で「孤独」や「愛」の欲求が満たされないことで、無意識領域にプログラムが刻み込まれている。そのプログラムが大人になっても「思い込み」として欲求の成就を妨害し、現実を歪ませている可能性があるのだ。

ステムを築き上げてきました。ホメオスタシスという安定装置、知性による不安という警報装置、そして幼少期から積み重ねてきた「思い込み」という壁。年を重ねるごとに、これらはより強固になり、欲求は「思い込み」によって複雑化し深化していきます。そのため、「ほんとうの欲求」を見つけるにはコツが必要なのです。

人生を変えるためにまずやるべきこと。それは、私たちを守ろうとしている「わたし」の声に耳を傾け、変化を避けるために**ほんとうの自分の欲求を隠し通そうとする「思い込み」を見つけること**です。

「思い」の全貌を捉えたいま、実践的な解除方法に入っていきます。

ここからは、具体的なテクニックとワークを通じて、変化を創り出していきましょう。

自己限定を解除する
——内なる世界モデルのアップデート

「もっと自分らしく生きたい」

「才能・可能性を解き放ちたい」

そんな願いを持ちながら、なぜか一歩が踏み出せない。

そんなとき、あなたの中では「守ってくれる私」と「前に進みたい私」が、静かな戦いを繰り広げています。

「新しいことを始めたい！」という思いと、「でも、失敗したら……」という声。「理想的な自分である」イメージと、「いまの安定を守らなきゃ」という不安。

私たちの心の中では、常にこのような相反する力が働いています。

ときにはその矛盾に苦しみ、「なぜ自分はこんなに優柔不断なんだろう」

と自分を責めることもあるでしょう。でも、この2つの声は、実はどちらもあなたを生かすための大切な力なのです。

多くの自己啓発本は「ポジティブになれ」「目標を立てろ」「行動あるのみ！」と、まるで不安や恐れが悪者であるかのように語ります。

でも、それは現実的でしょうか？

ここからは、私たちの力を制限し、才能を抑え込む「自己限定」にフォーカスします。「自己限定」を解除できれば、私たちは人生を「思い」通りにすることができます。

答えは意外にもシンプル。まずは、あなたの中にいる「守ってくれる自分」をあるがままに受け入れることから始めます。

理想の自分になることを諦める

自己限定から解放される第一歩は、「理想の自分になろうとするのを諦める」ことです。

「もっと積極的になりたい」
「もっと自信を持ちたい」
「人にもっと優しくなりたい」

これらの願いに共通する罠は、「不足が基準となっている」ところ。もしあなたが「なりたい自分になれない」と感じているのだとしたら、それは**「自己否定」という「思い」が現実化している可能性が高い**のです。

私たちの行動の背景には、必ず「思い」があり、行動と思いはしばしば反対の関係にあるのです。

「諦める」というとネガティブに聞こえるかもしれないが、「諦《たい》」とは「物事の真実の姿やありさまを明らかにすること」という意味。仏教では「真実」「真理」「悟り」を意味する。

これを鮮やかに表現していたのが、さとうみつろうさん著『０Ｒｅｉ上』（サンマーク出版）です。次ページの図のように、自分の「行動」を中心に置き、行動の右側に「思い」、左側に「現実」を置いて考えてください。

私の過去を例にして見てみましょう。

私は昔、会社で上司や同僚に認められることが目的で、一生懸命仕事をしていました。その元となっているのは「自分は上司・同僚に認められていない」という思いです。

次に、行動と現実の関係を見てみます。

現実には、「認めてくれない上司・同僚がいる」と解釈しているから、認められるための行動をしています。

という具合に、行動と思いは常に反対になり、行動と現実も常に反対になるのです。

ここで、図をよく見てみてください。「思い＝現実」という式になるんです！

そしてさらに興味深いのは、「願望を実現するために不足が必要」とい

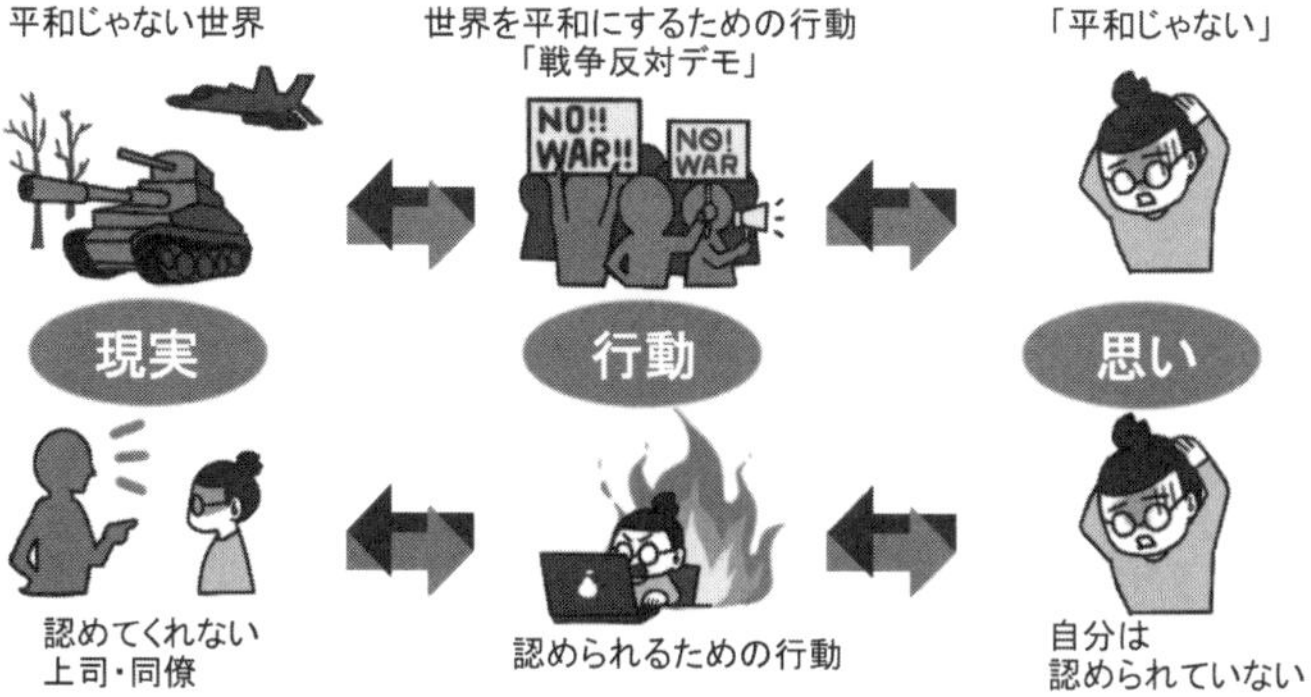

う構図になっていること。つまり、「○○したい」を叶えるためには、「不足している」という「思い」と「現実」が必要不可欠ということです。

「もっと積極的な自分になりたい」という願いの裏には「自分は積極的な人間ではない」という思いが、「お金持ちになりたい」という願いの裏には「自分はお金持ちではない」という思いが隠れている。

自己否定という「思い」が、上司に認められない・愛が足りない・仕事がつまらない・自信がない・

さらには「ヒーローになりたい！」と思う人にとって必要不可欠な存在は、「悪役」。正義のヒーローの活躍は悪役によって成立するからだ。「世界を平和にしたい！」という願いを叶えるには「平和じゃない世界」が必要になる。これらも同じ話なのだ。

優しくない・平和じゃない世界、などという結果を必要としているのです。不足を基準とした願望は、望まない結果を生むための行動を促し続けます。

つまり、**「理想の自分になりたい」という思考そのものが、あなたを縛る鎖になっているかもしれない**ということ。だからひとまず、理想を「諦め」て、その鎖を外しちゃいましょう、ということです。

もちろん、願望や理想を持つのは大切なことです。重要なのはそのときにどのような「思い」「イメージ」を持っているかです。詳しくは第4章で解説しますが、この精度が高まっていくことであなたの願望や理想はスルスルと叶っていきます。

「諦める」とは、真実を明らかにすること。

いまのあなたの中に、すでにある本来の姿を見つめ直すこと。そこから、ほんとうの変化は始まります。

ポジティブもネガティブもわたし

「ポジティブに考えなきゃ！」

この言葉、あなたも一度は自分に言い聞かせたことがあるのではないでしょうか？

以前の私も、常に「ポジティブであるべき」というプレッシャーにさらされていました。ですが、**「ネガティブな自分を受け入れることの重要性」**に気づいてから、だんだんと人生が好転していったんです。

工学博士で経営学者の田坂広志さんは著書『運気を磨く』（光文社）の中で、「『無意識』の世界をポジティブな想念で満たすことは極めて難しい」と言っています。

特に重要なのは、無理なポジティブ思考によって、逆に**無意識の世界にネガティブな想念が発生する**ということです。

たとえば、難しい課題に挑戦するとき、必ず合格できるとか、必ず勝てる、必ず達成できると周りに宣言すればするほど、心の深いところに「果たしてできるだろうか、できないのではないか」という迷いや不安が生まれてしまうことになる。

さらにいうと、ポジティブ・ネガティブ、良い・悪いというのは、実は自分の「解釈」でしかありません。

ここで、「発酵」と「腐敗」の境界線がどこにあるかを考えてみましょう。科学的な境界線があるはず……と思いきや、どちらも「微生物が有機物質を分解する性質である」と定義されており、食べ物に起こっている化学反応はどちらもまったく同じなのです。人間にとって有益な物質が作られる現象を「発酵」、逆に人間にとって有害な物質が作られる現象を「腐敗」というだけ。

私たちが、外側で起こった出来事や自分の性格・感情を観察するとき、この「発酵」と「腐敗」の境界線と同じようなことをしています。

起こっている現象は同じなのに、自分にとって有益なものを「長所・ポジティブ」と呼び、自分にとって有害なものを「短所・ネガティブ」と呼

アンパンマンの作者、やなせたかしさんの言葉もご紹介。

「バイキンは食品の敵ではあるけれど、アンパンをつくるパンだって菌がないとつくれない。助けられている面もあるのです。つまり、敵だけれど味方、味方だけれど敵。善と悪とはいつだって、戦いながら共生しているということです」（『やなせたかし明日をひらく言葉』〈PHP文庫〉より）

んでいるだけ。そう考えると、**あるのは自分自身の「解釈」だけ**だということが理解できるのではないでしょうか。

実際、ネガティブもポジティブも、どちらも私たちの一部です。
不安は「もっと準備が必要だよ」というささやき。
怒りは「大切な価値観が踏みにじられている」という警告。
悲しみは「執着を手放す」ためのサインかもしれない。

これらの感情は、私たちの中にいる「もうひとりの私」からのメッセージです。ポジティブな面もネガティブな面も含めて、すべてを自分として受け入れることが、ほんとうの意味での「自己受容」です。

自己の全体性を一部でも否定することなく、ありのままの自分をすべて受け入れることができたとき、私たちははじめて新しい一歩を踏み出すことができます。

まずは、ネガティブな部分を無理にポジティブに変えようとしないこと。「あるがままの自分」を受け入れることで、「自己限定」を解除する準備が整います。

たとえば人生の岐路に立ったとき、不安や恐れを感じるのは当然のこと。その感情があるからこそ、慎重に物事を考え、準備をし、より良い決断ができる。

ほんとうの自分を取り戻す

「ほんとうの自分を取り戻す」という言葉を聞くと、何か特別な修行や複雑な手順が必要に思えるかもしれません。でも実は、その道筋は驚くほどシンプルです。

それは、**「いま、この瞬間」**に意識を向けること。

- 朝、目覚めたときの柔らかな光
- 食事のときの、ひと口目の味わい
- 散歩中、頬を撫でる風の感触
- 誰かと話すときの、声の温もり

「いま」という瞬間には、過去の思い込みも、未来への不安も存在しません。

そこには、本来のあなたが確かに存在しているのです。

第4章以降で詳しく解説していきますが、これらすべてを受け入れ、「いま、この瞬間」の体験に意識を向けることができたとき、**あなたはより深いところにある自己＝「心の中心」に触れることができます。**

自己限定を解除するプロセスは、自分を知る旅の楽しみのひとつです。一朝一夕でできることではありませんが、いくつかのステップを踏めば、必ず可能です。

とにかくまずは、自分の頭の中で鳴り響く様々な声に耳を傾けること。

批判的な声も、歓喜の叫びも、不安を煽《あお》るささやきも、希望に満ちた声も、これらすべてを受け入れることができたとき、あなたはあなた自身の「心」のより深いところに触れることになるでしょう。

そしてそれは、あなたと世界との不思議なつながりを教えてくれるキッカケにもなるはずです。

あなたは「わたし」――世界のつながりを知る

「あなたはわたしだった」「世界はつながっている」――この気づきが、自己限定を解除する大きな支えとなります。この視点を持つことで、私たちは無意識の枠を広げ、新しい可能性を開いていくのです。

宇宙の始まりと万物の根源について

「私たちはどこから来たのか？」

人類は古代からこの問いの答えを探求し続けてきました。最新の宇宙物理学によれば、１３８億年前、宇宙は「量子真空」と呼ばれる一点から生まれました。一見「何もない」ように見えるこの空間には、想像を超えるエネルギーが秘められていたのです。

ある瞬間、その点が大爆発を起こし、ビッグバンが発生。そこから原子、星々、銀河、そして生命が生まれました。

現在、科学者たちは真空から物質を生み出す実験を進めており、宇宙創成の謎は、少しずつ明らかになりつつあります。

さらに驚くべきことに、私たちの体、机、スマートフォン、そして空気……すべての物質は「素粒子」と呼ばれる基本単位でできているのです。物質を細かく分解していくと、たった17種類の素粒子に行きつきます。

そして、「超弦理論」によれば、この素粒子ですら「紐」のような存在であり、それぞれが異なる振動をしているだけだというのです。

つまり、すべてはひとつの点から生まれ、あなたも私も、同じ素材でできている。最先端の物理学は、「あなたと私、そして世界は、もともとひとつだった」ことを示唆しています。

では、「私」という存在は一体何なのでしょうか？

仏教が見つめた「私」について

『僕は、死なない。』（ＳＢクリエイティブ）の著者・刀根《とね》健《たけし》さんは、肺がんステージ４から驚異的な回復を遂げました。その経験を通じて、彼が辿り着いたのは、「私とは何か?」という問いでした。

刀根さんは、「自分とは、自然から分かれた存在である」と語ります。自然とは、自《おの》ずから然《しか》りと書きます。「足したり引いたりすることなく、すべてがそこに、何もかもがすでに揃っている」という意味。そして、生まれたばかりの赤ちゃんは、まだ「自己」の状態であり、自然と一体の存在です。

しかし成長するにつれ、私たちは「自分」を意識し始めます。「自分」とは、「自ずから分かれる」という意味です。そのうちに「自我」が育ち、「私は○○だ」というアイデンティティが生まれ、周囲と比べたり、競争したりしながら、「自然から切り離された個」という認識を、次第に強めていくのです。

ここで立ち止まって考えてみましょう。私たちが進化・成長の過程で獲得した「自然から切り離された個」は、「私の本質」なのでしょうか?

現代の脳科学・進化心理学は、「私」という感覚は脳が創り出した機能にすぎないことを示唆しています。呼吸や心臓の鼓動は、「私」がコントロールしなくても自然と動き続けます。考えや感情も、自分の意志で選んでいるわけではなく、湧き上がるように生じるものです。

つまり、「私」という意識は、生存のために発達した「便利な幻想」にすぎないのかもしれません。

「私は自然と切り離された存在である」という思い込みが幻想だと気づいたとき、私たちは苦しみや制限から解放されます。

情報と現実世界：真っ暗闇の中でわかったこと

「これが、本当の闇か……」

2023年6月、私は東京・竹芝の「ダイアログ・イン・ザ・ダーク」に足を運びました。そこは、光が一切ない完全な暗闇の空間。視覚障がい者の方にアテンドしてもらいながら、見えない世界を体験するプログラムです。

私を含む4人のグループは、完全なる漆黒の世界を杖《つえ》を頼りに壁伝いに進んでいきます。すると、不思議なことが起こり始めました。

「床がフワフワしてる……じゅうたんかな？」

「こっちの壁、布がかかってる気がする」

「冷蔵庫みたいな音がする」

「フルーツの匂いがする！」

誰かが気づいたことを口にすると、それを聞いた他のメンバーも確かめ、共感する。暗闇の中で、私たちは自然と声を掛け合い、互いの発見を共有しながら進んでいました。


そのとき、私はハッとしました。

私たちは、視覚以外の感覚——触覚、聴覚、嗅覚——を総動員して情報を集め、それを共有することで、暗闇の中に「共通の世界」を生み出していたのです。

つまり、世界は「情報」によって創られている。しかも、その情報はひとりだけで創るものではなく、他者との共有を通じて成り立っている。「私とあなたが、互いの情報によって現実世界を共創している」——そう実感した体験でした。

第1章で「現実は心が創る」と話しましたが、実際には「現実は、私とあなたの心が創る」ものなのです。

もし一切の情報を持たなかったら、私は、あなたが獲得した情報なしに、現実世界を構築することはできない。

つまり、あなたの情報が私の世界を創っているということ。

ここから解釈を深めると、あなたは別の私として私の世界を創ってくれている存在であり、大きな視点で見れば「あなたは私である」といえます。

こう考えると、世界はやはり深いところでつながっているのかもしれない、と思えてくるのです。

存在の偶然性：私はあなただったかもしれない

「さるべき業縁《ごうえん》のもよおせば、いかなるふるまいもすべし」

出家後20年間比叡山で修行をし、人間の「どうしようもなさ」と徹底的に向き合った鎌倉時代の僧、親鸞《しんらん》が残したこの言葉をはじめて知ったとき、私は衝撃を受けました。

「どんな行動も、与えられた環境や縁によって生じる」という意味で、これは、私たちが「自分の意志で選択している」と思い込んでいるものが、実は環境や状況に左右されていることを示唆しています。

私たちは、家族や社会、出会った人々、偶然の出来事によって、脳の中に「世界モデル」を形成していきます。そして、それが無意識の行動パターンを創り、知らず知らずのうちに、ある選択をし、ある行動をとる。

でも、もし違う環境に生まれていたら？　もし育った環境が違っていたら？　もし、別の出会いがあったなら？

私は、いまの「私」ではなかったかもしれない。

「私」とは、偶然の積み重ねによって成り立っているものです。私たちがここに存在するのも、「ありえないほどの偶然」が重なった結果です。

どこかでひとつでも違う要素があれば、私は生まれていなかったかもしれない。もっといえば、「私はあなたであった可能性」もあったのです。

そう気づくことで、私たちは「決められた自分」という幻想から自由になれるのかもしれません。

この「私はあなただったかもしれない」という視点は、世界との深いつながりを思い出す鍵となります。

シンクロニシティ：因果律のその先へ

友人のことを考えていたら突然連絡が来た。悩んでいたことの答えが、偶然開いた本のページに書かれていた。こんな「意味のある偶然」を体験したことはありませんか？

カール・ユングは、このような現象を「シンクロニシティ（共時性）」と名付けました。

因果関係は説明できないけれど、意味を感じる不思議な一致。

なぜこうした現象が起こるのか？

実は、世界には「情報の場」が存在するのではないか――そんな考え方があります。

たとえば、ある島の猿が新しい行動を学習すると、海を隔てた別の島の猿たちも、同じ行動をとり始めた。ある考えが一定の人数に広まると、世界の別の場所でも同じ発想が生まれる、という「百匹目の猿現象」。

シンクロニシティ…意味のある偶然の一致。因果関係では説明できない出来事の同時発生を指す。

形の場による共鳴理論…生物の形や行動パターンが、目に見えない「場」を通じて伝播するという理論。物理学の場の理論を生物学に応用した考え方。

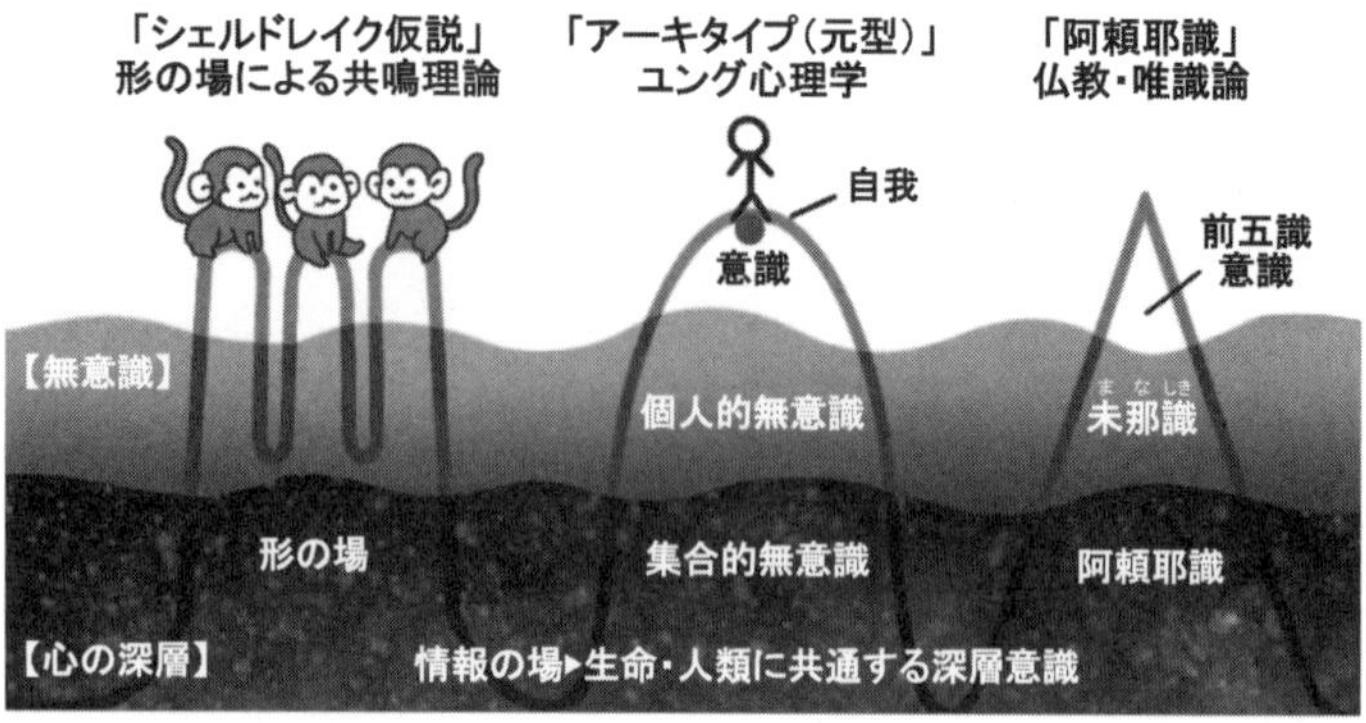

この現象を説明しようとしたのが、元ケンブリッジ大学フェロー、ルパート・シェルドレイクの「形の場による共鳴理論」です。仏教（唯識論）の「阿頼耶識《あらやしき》」もそれに通じる理論で、どちらも、「情報の場」の存在を示唆しています。

ここに、「シンクロニシティ」との重なりがあります。

ユングが発見したのは、「集合的無意識」という、私たち人類に共通する深層意識の層があるということです。たとえば、「母性」のイメージは世界共通で、丸みを帯びた優しい形で表現されます。日本の土偶も、ヨーロッパの彫刻

阿頼耶識…唯識論の考えでは、人々の行動や思考は、香りが衣服に染み付くように、空間に情報として記録されていくとしている。

私たちの意識は見えないところで深くつながっており、シンクロニシティとは、このつながりがときどき顔を覗かせる現象なのではないか？と思えてくる。

どれだけ離れていても、光の速度を超えて同期する

も、驚くほど似た形をしている。「智慧」は、白髪の老人として描かれることが多い。

これは、文化や時代を超えて、人類に共通する無意識のパターンがある証拠なのかもしれません。

さらに、「見えないつながりによる情報のやりとり」を、科学も証明しつつあります。

2022年、アラン・アスペ教授ら3名の科学者がノーベル物理学賞を受賞しました。

彼らが証明したのは**「量子もつれ」**という現象。

これは、**一度つながった粒子同士は、どれだけ離れていても瞬時**

ジョン・クラウザー、アントン・ツァイリンガー、アラン・アスペが行った量子もつれの実証実験によって、「そこにモノが在る」という局所実在性は、実験的に否定された。この現象を常識で捉えると、離れた2つのモノが瞬時に通じ合うと考えてしまうが、「そこにモノがある」という考え方自体を疑う必要がありそうだ。やはり、ジョン・ホイーラーのいう通り「すべては情報」なのかもしれない。

に影響し合うという、驚くべき物理法則です。

もつれた量子は、見えないつながりによって情報のやりとりをしている。アインシュタインでさえ、これを「不気味な遠隔作用」と呼んで困惑したほどでした。

もし、物理的な距離や時間に関係なく、すべての情報がつながっている場があるのなら？

もしかすると、シンクロニシティとは、こうした「見えないつながり」が、「偶然」と思える形で現れる瞬間なのかもしれません。

こう考えると、現実世界で偶然起こる出来事は私たちと無関係ではなく、「情報の場」から表出する何らかのサインなのかもしれないと思えてきます。

おそらく、シンクロニシティは決して特別なものではなく、日常の中に無数に存在しています。

重要なのは、気になる出来事を「ただの偶然」として流すのではなく、

「なぜいまこんな偶然が起こったのか？」
「どんな出来事と関連しているのか？」
「これは私に何を気づかせようとしているのか？」

自分自身にそう問いかけてみること。

シンクロニシティを通じて新たな視点を得ることができたなら、それは、自己を、あなたの心を知るための大きなヒントになります。

ではここから、過去を書き換え、自己限定を解除する具体的な方法について、効果的なワークも含めてお話ししていきます。

ワーク

現実世界から自分を知る直観メモ

■このワークで得られる効果

日常生活の中に隠れている、自分の無意識の思考パターンを発見できます。小さな出来事への反応を丁寧に見つめることで自己理解が生まれ、現実を異なる視点で見る習慣が自然と身についていきます。

■ワーク内容

毎日の生活、仕事の中で、心に引っかかった・なぜか違和感を覚えた・感情が動いた出来事をメモしてみましょう。そして、それを自分事として心を探り、解釈してみましょう。

たとえば、次のような感じです。

「同期が昇進した。おめでとうと言ったけど、正直モヤモヤした」

↓比較している自分がいる。私の価値は昇進だけじゃないはずなのに。

「今朝、駅でおじいさんが困っていたところに、高校生が優しく声をかけていた。なんだかジーンときた」

↓自分の中にも、人に優しくできる余裕が育ってきているのかも？

「スーパーのレジで店員さんの接客が雑で不愉快だった」

↓自分も誰かにぞんざいな態度をとっていることはないだろうか？

「職場の後輩が私の言葉で勇気づけられたと言ってくれた。嬉しかった」

↓自分の経験や言葉が誰かの役に立てるんだ。私の中には、人を支えたいという純粋な欲求があるのかも。

■ワークの手順

事実 今週起きた印象的な出来事を3つ書き出す
解釈 その後ろに「もしかしたら……」と書き、自分事に落とし込む

嫌な気持ちになった出来事も、嬉しかった出来事も、どちらも大切な気づきです。判断や評価は必要ありません。ただ書き出すだけです。心が動いた出来事は、あなたの内側を可視化するチャンスです。

できるだけ、出来事そのもの＝【事実】と、それを見たあなたの反応＝【解釈】を切り分けて、それぞれに注目してみましょう。

過去を書き換える裏ワザ

私たちは「過去」を固定的なものとして捉えがちです。

でも実は、**過去の出来事に対する「解釈」を変えることで、現在の「思い」を解放し、未来への扉を開く**ことができます。

私の例でお話しすると、以前は会社を辞めて独立に失敗したことを「人生最大の失敗」だと解釈していました。

でも、その経験があったからこそ古本屋でアルバイトをし、そこで広大な本の宇宙に触れ、YouTubeを始めるきっかけを得ることができました。いまの視点で見ると、あの「失敗」は、私を**本来の道へと導いてくれた大切な転機**だったと気づきます。

このように、過去の「事実」は変えることはできませんが、その意味づけは、いまのあなたの「思い」によって自由に書き換えることが可能なのです。

これは決して「過去をなかったことにする」ということではありません。むしろ、過去の出来事と向き合い、新しい意味を見出すことで、あなたの「思い」を解放していく実践的なプロセスです。

ここまで、イメージ、ほんとうの私を隠す「思い」、自己限定の解除方法とそれをサポートする「あなたは私」「世界はつながっている」という世界観について見てきました。

これらをベースに、いよいよ具体的な方法論に入っていきます。

163ページからの4つのステップを通じて、あなたの中の自己限定を解除していきます。

まずは解説、最後に4つのワークが用意されています。ひとつずつ丁寧に取り組んでいくことで、最後には強力な「問い」があなたを解放してくれるでしょう。

過去を変えればいまが書き換わる

「昔から人見知りだから」

「子どもの頃から人に興味がなかったから」


私たちは知らず知らずのうちに、過去の体験を「説明」として使っています。まるで過去が、いまの自分を決定づけているかのように。

でも、ちょっと立ち止まって考えてみてください。あなたはいま、過去の中に存在しているのでしょうか？

過去に対するあなたの「解釈」の中で生きているのですか？


たとえば私の場合、小学生のときにいじめられた経験を「人生における暗黒期」だと長年解釈していました。でも、その体験があったからこそ、少しは人の心の痛みがわかるようになり、いま、人の心に寄り添う仕事ができているのかもしれません。

同じ過去でも、見方を変えるだけでこんなにも違う意味を持ち始めるのです。

脳科学的に見ても、私たちの脳は、新しい経験や学びによって常に変化し続けており、過去の解釈は固定されていないといえます。「ダメな経験」と思っていた記憶も、違う角度から光を当てれば、成長のためのギフトに変わる可能性がある。

重要なのは、あなたの中にすでにある「解釈力」です。

日々経験を重ね、多くの本や人との出会いを通じて、あなたの解釈力は確実に磨かれています。その力を使えば、過去の出来事を新しい視点で受け止められる。すると不思議なことに、「いま」が変わり始めるのです。

では、具体的にどうすればいいのでしょうか？

ワークでは、あなたの中に眠る「解釈力」を呼び覚まし、実践的に活用していく方法をお伝えしていきます。

過去の記憶は「事実」ではない説

「人前で緊張するのは、小学校の音楽会で失敗したトラウマがあるから」

「上司に意見できないのは、親に『口答えするな』と厳しく育てられたせいだ」

こんな風に、自分の性格や行動を過去の出来事で説明することはありませんか？

私たち人間は、物事を**「原因と結果」**で説明したがる生き物です。

特に自分の人生について、「あの出来事が原因で、いまの自分がある」という物語を創りがち。

でも、**その物語は本当に「事実」なのでしょうか？**

私は、子どもの頃に転校して友達ができず、いじめられ、家でひとりでポテトチップスを食べてばかりいたら、ブクブク太っていった経験があります。そして長年、この経験を「人とうまく関われない自分の原点」だと思い込んでいました。

でも、いま思えばそれは私の「解釈」にすぎません。実際には、その後サッカークラブで仲間と楽しく遊んだ記憶もあるし、星空観察で友達の家に泊まったこともある。これは「確証バイアス」と呼ばれる心理的な傾向の典型です。孤独を感じたとき、私の脳は、「人付き合いが苦手」という物語を裏付けるような記憶だけを選んで思い出していたのです。

人生における因果関係はそれほど単純ではありません。

私たちの人生は、数えきれないほどの出来事や関係性が複雑に絡み合って形作られています。

それを「これが原因で、こうなった」と単純化してしまうのは、私たちの脳が理解しやすい「物語」を求めているから。

大切なのは、**「これが事実だ」と思い込んでいることも、実は短絡的な解釈かもしれない**と思い直し、見つめてみること。

これにより、同じ過去の出来事でも、まったく違う物語になる可能性が生まれます。子どもの頃に見たジブリ映画に対するあなたの解釈が、いまと過去ではまるで変わっていたりするのと同じように。

つまり、あなたの過去の「物語」を読み直すことで、私たちはいまこの瞬間から、新たな存在になれる可能性を秘めているといえます。

おそらく、ほんとうの成長は、この「因果の物語」から自由になることから始まります。そしてその自由への旅は、「いまの私」を創った過去を再解釈することから始まるのです。

まずは、解釈のない過去の「事実のみ」を見つめ直すこと。

そして、目の前の状況を新鮮な目で見つめましょう。「もしかしたら私が事実だと認識していることは、ただの解釈かもしれない」という視点を持ってみることです。

過去に起こった辛い出来事には事実ではない「解釈」がベットリとこびりついている可能性があります。

そして、起こった出来事の「事実」だけを新たな視点で観察し直すと、思いもよらない意味や可能性が見えてくるかもしれません。

積み重ねてきた人生があなたを自由にする

解釈が生まれる前の「事実」だけを見つめることで、過去の解釈は可能性の波の状態になります。すると、あなたはいまのあなたの視点で、過去の出来事を再解釈することができます。

あなたはこれまでたくさんの経験をしてきました。たくさんの人や本や情報と触れ合い、たくさんの出来事を経験してきた。苦しい思いや悲しい出来事を通じて、自分の心に、人の心に寄り添い成長してきたワケです。いまのあなたの視座は、確実にあの頃より、高い。その視点から過去の出来事を解釈し直すのです。

過去のあなたを、いまのあなたが受け取ることが大切なのです。

私たちの心は、これまで体験してきた分、悲しい思いや苦しい出来事を経験してきた分、間違いなく成長しています。

私たちの解釈力は、あの頃とは比べものにならないほど成長しているのです。

あのとき受け取れなかった出来事も、いまなら受け取れるかもしれない。

成長したあなたが受け取ることで、過去が変わり、「いま」が劇的に変わります。過去の出来事のほんとうの意味を受け取ることで、「いま」が書き換わるのです。


そして、あなたがいま持っている認識や解釈が変われば、自己限定は解除されていきます。

「あの失敗で自信を失った」と思っていた出来事が、実は「大切な学びのチャンス」だったと気づくかもしれない。「あの人に裏切られた」という辛い経験が、「自分の本当の強さを知るきっかけになっていた」とわかるかもしれない。親やきょうだいや子ども、親友、おじいちゃんやおばあちゃんを大切にできなかったという後悔が、「人に優しくできるようになった自分」「自らの人生を一生懸命生きる自分」になる力を与えてくれた、と気づくかもしれないのだ。

ワーク

過去を書き換える4つのステップ

ステップ1　ベストモーメントリスト

■このワークで得られる効果

人生の重要な体験を振り返り、整理するこのワークは、あなたの中にある本質的な価値観を明らかにします。強く心を動かされた出来事には、必ずあなたの大切な感情や価値観が隠れています。時間をとってじっくり向き合ってみてください。

■ワークの手順

以下の4つの感情それぞれについて、最も印象に残っている出来事をひとつずつ書き出してください。

大きな喜び／強い怒り／心から楽しかった体験／深い悲しみ

＊具体的に、そのときの状況や感情を思い出しながら書いてみましょう。

「ベストモーメントリスト」とは、印象に残っている過去の記憶・エピソードをリスト化したもの。

＊思い浮かんだ順番で構いません。
＊理由は後ほど考えます。まずは素直に浮かんでくる記憶を書き留めてください。

ステップ2 ザ・ファクトフルネス

■このワークで得られる効果

過去の出来事を新しい目で見られるようになります。これにより、あなたの中の思い込みや決めつけが解放されていきます。

■ワークの手順

❶ステップ1で書き出した出来事の中から、あなたの可能性を制限していると感じる出来事をひとつ選ぶ。

❷その出来事から「事実だけ」を以下の要領で書き出す。

いつ？（年・月・季節など）／どこで？（場所）／誰が？／何が起きた？／どのように？

＊記憶が曖昧でも構いません。ただし、主観的な評価・判断・解釈（「～

ステップ2・ワークの例

× 解釈が混ざった書き方
「高校2年の文化祭で、私の失敗のせいでクラスの出し物が台無しになってしまった」

○ 事実だけの書き方
「2010年10月、高校2年の文化祭。クラスの劇で主役を演じた。クライマックスのシーンでセリフを間違えた後、15秒ほど無言の時間があった。その間、200人ほどいた観客からは何の反応もなかった」

のせいで」「台無し」など）は除いて書きましょう。

＊思い出せる範囲で、できるだけ具体的に書いてください。

ステップ3 過去の出来事を受け取る

■このワークで得られる効果

これまでの人生で体験した出来事には、必ずあなたの成長のための意味が隠されています。このワークでは、特に子ども時代の体験を、成長したいまのあなたの視点で捉え直します。30分ほどの時間で、過去の体験から勇気を受け取ることができます。

■ワークの手順

❶子ども時代の出来事を振り返る。

未就学期／小学生時代／中学生時代

それぞれの時期で、ネガティブな体験や、うまくいかなかったことをひとつずつ書き出してください。

❷問いに向き合う。

あなたはその「ネガティブに感じている体験」「うまくいかなかったこ

と」をどのようにして乗り越えましたか？

いま、あなたがこの本を読んでくださっているということは、どんな形であれ、紆余曲折ありながらも、そのネガティブな体験を乗り越えて強く生きてきたからであることは間違いありません。

ステップ4 自己限定を解除する

過去の体験に対する認識・解釈を可能性の海に流し、「いま」を変える、自己限定を解除し、本来の自分に戻るための問いかけワークです。

■このワークで得られる効果

過去の出来事から生まれた思い込みを手放すことで、本来のあなたが望む方向へと進めるようになります。

■ワークの手順

❶ステップ2で書き出した、あなたが直観的に選んだ自己限定となっていそうな出来事をあらためて書き出す。

❷自分への問いかけ。

「この出来事は自分にとってどんな深い意味があったのだろう？」

これまでの経験を通じて、あなたの解釈力はあの頃とは比べものにならないほど成長しています。紆余曲折ありながらもここまで生き抜いてきたあなたの、現時点での解釈を書き出してみましょう。

❸ステップ１で書き出したベストモーメントの中から特に印象に残っている出来事をひとつ書き出す。

❹自分への問いかけ。

「何のために、自分にはこれらの体験が必要だったのか？」

ここでは、ただ問いかけるだけでＯＫです。一度問いかけると、脳の無意識領域が勝手に答えを探し続けてくれます。これによって無意識領域である重大な変化が起こります。ポジティブな体験はもちろん、記憶に深く刻まれた過去のネガティブな体験も「すべて、必要なことだった」と無意識が勝手にわかってしまうのです。

これらの問いかけによって、脳の無意識領域に書き込まれた自己限定プログラムは勝手に自動的に書き換えられていきます。

あなたの未来は、あなたの「思い」が決めている

何を選ぶか、どんな行動をとるかは、その瞬間に意志で決めているように見えます。しかし、実際には、その前に無意識の領域で「思い」が未来の確率を決定し、私たちは「いま」に流れてきた出来事を後から見て解釈しているのです。

「成功する未来」「失敗する未来」「平凡な未来」「想像を超えた未来」――それらは確率的に存在し、どれを現実にするかを決めるのは、あなたの意志ではなく、無意識領域にある「思い」。

だからこそ、いま、あなたがどんな「思い」を持つかが重要なのです。

ここまでの話でお伝えしたかったのは、現実を創るために必要なのは意志による「決断」ではなく、「思い」の質を変えること。

その方法について、次の章でさらに詳しく見ていきましょう。

第4章

未来とは「いま」である

「どうしてこんな人生を送ることになったのだろう？」
「過去の失敗さえなければ、きっと違う人生だったのに……」
「あのときああすれば良かった」

こんな思いを抱いたことはありませんか？

私たちの多くは、過去の出来事に縛られ、それが原因でいまの人生があると考えています。時間は過去から未来へと一方向に流れ、過去が現在を決定し、そして未来を形作っていく——これが私たちの「常識」です。

第1章から第3章で見てきた「心が現実を創る」「自由意志は存在しない」「自己限定からの解放」という発見は、すべてこの「時間」という概念と深く結びついているのですが……。

実は、私たちが**「過去から未来へ」と信じている時間の流れこそが、最大の思い込み**なのかもしれないのです。

最新の物理学は「時間は過去から未来へ流れているわけではない」こと

文化人類学者マーガレット・ミードは「未来とは、いまである」という一見すると矛盾した言葉を残している。

を示唆し、2500年以上前に生まれた仏教の教えは「未来から現在へと法（実在）が流れてくる」と説いています。そして興味深いことに、現代の脳科学は「私たちの意識は常に遅れて現実を認識している」という事実を明らかにしています。

もし時間が「未来から現在へ」と流れているとしたら？
もし過去ではなく未来が現在を決めているとしたら？
私たちの人生はどのように変わるでしょうか。

本章では、「時間」という切り口から、あなたらしい欲求を解放する新しい視点をお伝えします。それは、過去の呪縛からあなたを解き放ち、本来のあなたに戻るための道標となるはずです。

時間とは何か？

「時間なんて存在しない」

そういわれて、あなたはピンとくるでしょうか？
ぶっちゃけ私はこの話を聞いたとき、ぶっ飛びすぎてて左脳が崩壊しました。ですが、物理学における「一般相対性理論」「重力」「熱力学の第二法則」「エントロピー増大の法則」を一生懸命勉強しているうちに、「時間は存在しない」の意味がだんだんわかってきました。

かの天才物理学者アインシュタインは「我々物理学者にとっては、過去、現在、未来というものは幻想なのです」と大真面目にいっています。
そしてさらに、『時間は存在しない』（ＮＨＫ出版）の著者であり、アインシュタインが提唱した「一般相対性理論」と「量子論」という自然界の

アインシュタインは、誰しも一度は耳にしたことのある「相対性理論」において、私たちが生きる三次元の「空間」に、第四の次元として「時間」を加え、四次元の「時空連続体」という考え方を提唱。この「時空連続体」においては、過去、現在、未来は、同時に存在するものとして扱われている。

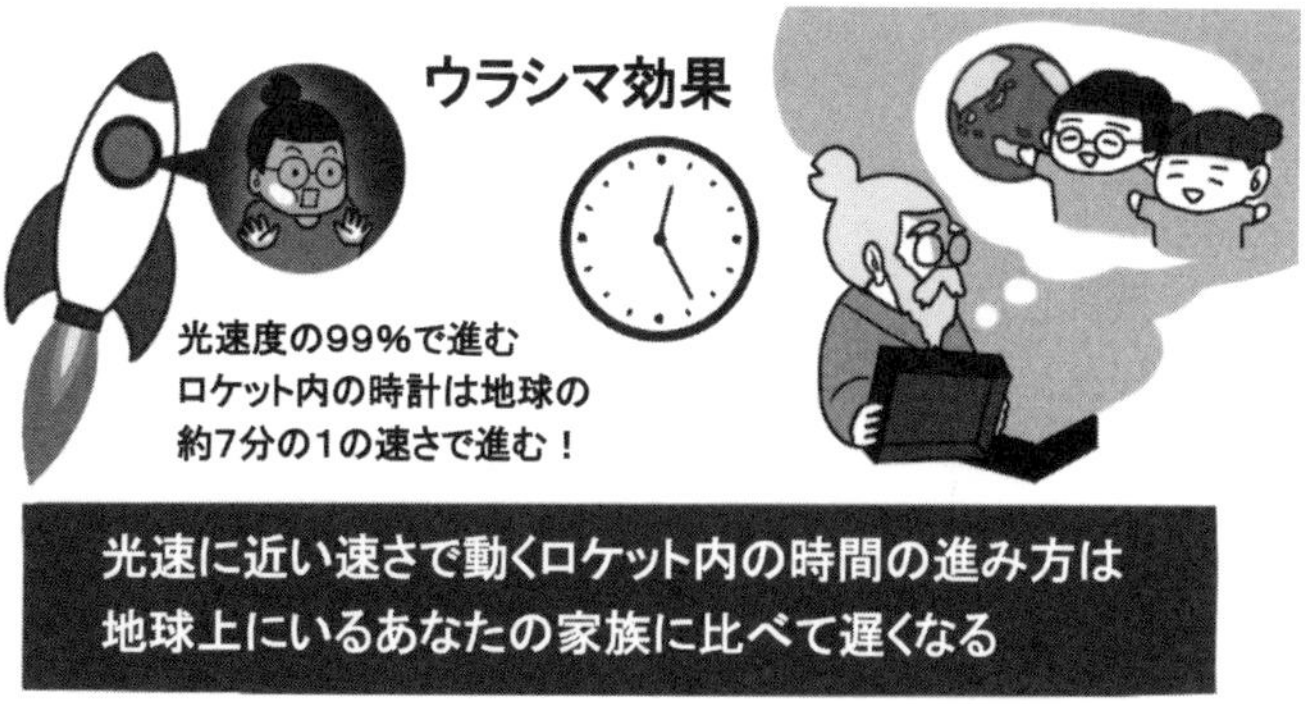
ウラシマ効果
光速度の99%で進む
ロケット内の時計は地球の
約7分の1の速さで進む！
光速に近い速さで動くロケット内の時間の進み方は
地球上にいるあなたの家族に比べて遅くなる

二大理論を統合しようとする「ループ量子重力理論」という超難解な研究をしている理論物理学者カルロ・ロヴェッリもある意味で「時間は存在しない」というんです。

ここで「浦島太郎」を思い出してみましょう。亀を助けて竜宮城に行き、楽しい時間を過ごして帰ってきたら、なんと数百年が経っていた……というお話。この物語になぞらえ、相対性理論による「時間の進み方が遅くなる」現象に「ウラシマ効果」という名称がつけられました。

たとえば、超高速で飛ぶロケッ

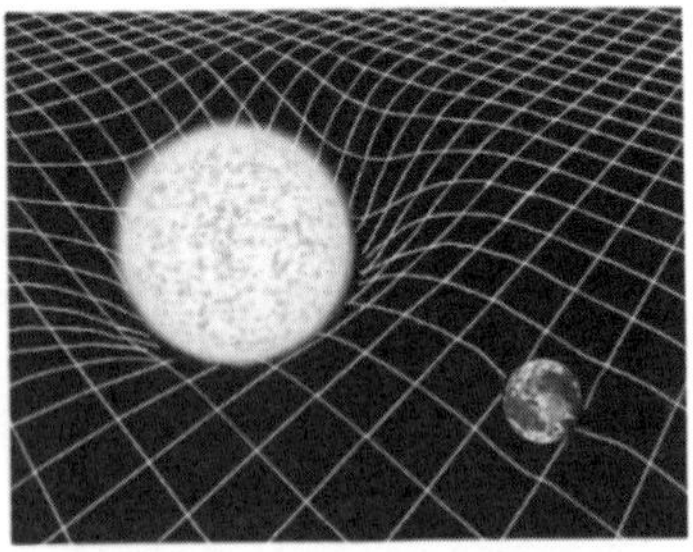

重力は空間と時間を歪ませる。重力が強いほうが時間の進みが遅くなる

トの中では、地球より時間がゆっくり進みます。仮に光速の99%のスピードで宇宙旅行に出かけたとしましょう（まだそんな速いロケットは作られていないのであくまで仮定です）。

42歳のあなたが18歳の子どもを地球に残して3年間の旅に出たとすると……なんと帰ってきたとき、あなたは45歳なのに、子どもは39歳になっているという不思議なことが起こります！

そして、実はこれ、地球上でも起きていることなんです。もちろんロケットほどすごい差ではないですが、なんと山の上と下では時間の進み方が違うことが、超高性能な原子時計で確認されています。それどころかたった30㎝の高低差でも、時間の流れは変わるんです。

なかなかに信じがたい話ですが、もっと驚きなのは、アインシュタインはこの時間の減速を高精度な時計ができる100年も前に気づいていたこと。まず彼はこんなことを考えました。

「あれ？　太陽と地球の間には何もないのに、どうして引き合うんだろう？」

アインシュタインの頭の中をのぞいてみましょう。

「大きなベッドシーツの四隅を持って、真ん中に重いボウリングの球を置いてみる。すると、シーツの中心がへこむな。次に、その周りにビー玉を転がしてみよう。おお！　ビー玉はボウリングの球の周りを回りながら『落ちて』いく！　太陽や地球のような大きな天体は、これと同じだ。目には見えない『時空』という布を歪ませているんだ。なるほど！　この歪みが重力の正体だ！　待てよ。太陽・地球の中心に近いところは時間と空間の布が歪んでいるよね。だから重力の中心に近いほど、時間の進み方が遅くなるのか！」

原子時計…セシウム原子の振動を利用した超精密な時計。1秒のズレが3千万年から2億年に1回程度という驚異的な精度を持つ。

このアインシュタインの発見は、いまでも私たちの日常で大活躍しています。重力による時間のズレが計算できなければ、地上と衛星における時間のズレを正確に修正することができず、計算に誤差が生じてしまいます。場合によっては1km以上の位置ズレが発生する可能性もあるとのこと。方向音痴な私はどこへ行くにも日が暮れていたことでしょう……ありがとう、アインシュタイン！

というわけでまとめると、時間は、速く動いたほうが、そして質量の中心に近いほうが遅くなるということがわかりました。**自分の周りで経過する時間の速度は、自分がどこにいるのか、どのような速さで動いているのかによって変わる**ものなのです。

では、そもそも時間とは一体何なのか？

私たちが当然のように使っている「1日」や「1時間」「1年」って、一体どうやって決まったのでしょう？

地球は、北極と南極を結ぶ軸を中心に回転していますよね。この回転を

この科学的根拠に基づいて作られているのがクリストファー・ノーラン監督の映画『インターステラー』。異常気象による地球壊滅危機が迫る中、移住可能な惑星を探すミッションに参加することを決意した（たぶん）35歳のクーパーは、10歳の娘マーフに必ず帰ってくると約束し、宇宙へ旅立つ。クライマックスのシーンで「重力のおばけ」であるブラックホールに突入したクーパーは奇跡的に生還するのだが、地球に残った娘のマーフと再会したとき、彼女はなんと99歳になっていた。地球時間ではクーパーは124歳だが、見た目は出発時とほぼ変わっていな

自転といい、私たちは地球が1回自転する時間を1日と呼び、人類はそれを24時間＝1440分＝86400秒と分解しました。そして、地球が太陽の周りを1周する時間を1年としており、物理法則に基づく計算によれば、地球が太陽の周りを1周する時間＝1年の長さが急に変化する可能性は極めて低いとされています。

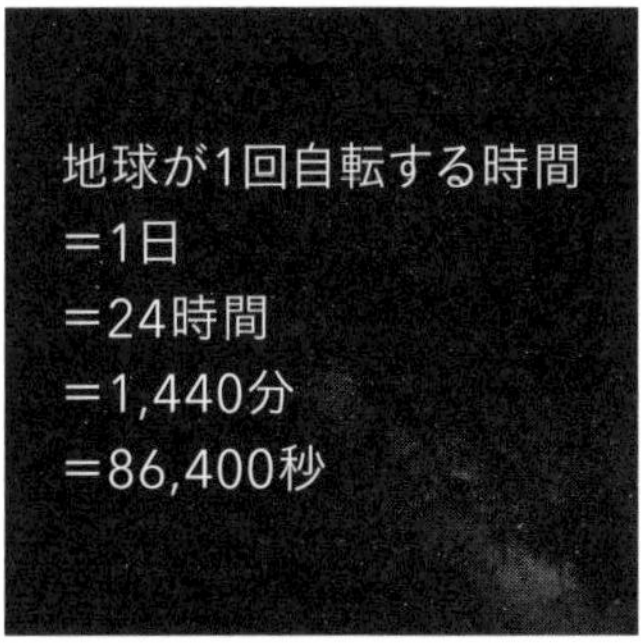

つまり何が言いたいのかというと、時間とは、重力や動く速度によって伸び縮みするあやふやなものであり、しかも時間そのものそれ自体、人間が創り出した概念である、ということがわかってきました。

私たちの常識が科学によってどんどん崩壊し、更新されていくの、面白すぎませんか？

ここからさらに、時間についての常識を崩壊させていきましょう！

い。

科学・宇宙好きな方にはたまらないし、「愛は時空を超える」を表現している素晴らしい映画なので、ぜひ観てみてほしい！

時間という幻想

「時間は前に進むことしかできない」

そんなの常識——のハズでした。でも面白いことに、物理の法則を数式で表すと、ほとんどの場合**「時間は前にも後ろにも進める」**という結果になるのです。

たとえば、動画を撮ってみましょう。

ボールを真上に投げて、落ちてくるまでを撮影します。この動画を逆再生で見ても、時間の方向はわかりません。これを「時間反転対称性」といい、素粒子物理学の世界では、時間の向きを逆にしてもかまわないというのが常識になっています。

「えっ？　でも現実では時間は戻らないじゃない？」

そうなんです！　ここで登場するのが「エントロピー」という考え方。ちょっと難しい言葉ですが、要は「物事が散らかっていく度合い」と考えてください。

たとえばあなたが2つのコップに入ったコーヒーと牛乳を混ぜ合わせて、コーヒー牛乳を作ったとしましょう。はい、ここで質問です。

コーヒー牛乳は、もとのコーヒーと牛乳に分けることはできますか？

答えは「無理！」ですよね。一度混ざったものをもとに戻すのは、ほぼ不可能。この現象においては、時間の方向があると感じる。

これと同じことが、宇宙のあらゆるところで起きています。

時間の基本は、「2つの端が異なっていること」。

時間は前にしか進むことができず、自分の意志で後ろに戻ることは絶対にできない。これを弓矢にたとえて、一度放たれた矢は前にしか進まないという意味で「時間の矢」といわれています。

先述のカルロ・ロヴェッリは「私たちが感じている『時間が進む』という感覚は、エントロピーの増大、つまり『物事が散らかっていく』現象によるものではないか？」と考えました。

つまり、時間が進むから物が散らかるのではなく、物が散らかっていく

エントロピー…物事の乱雑さ・散らかり具合を表す物理量。たとえば、きれいに整理された本棚は「低エントロピー」、本が散らかった状態は「高エントロピー」となる。

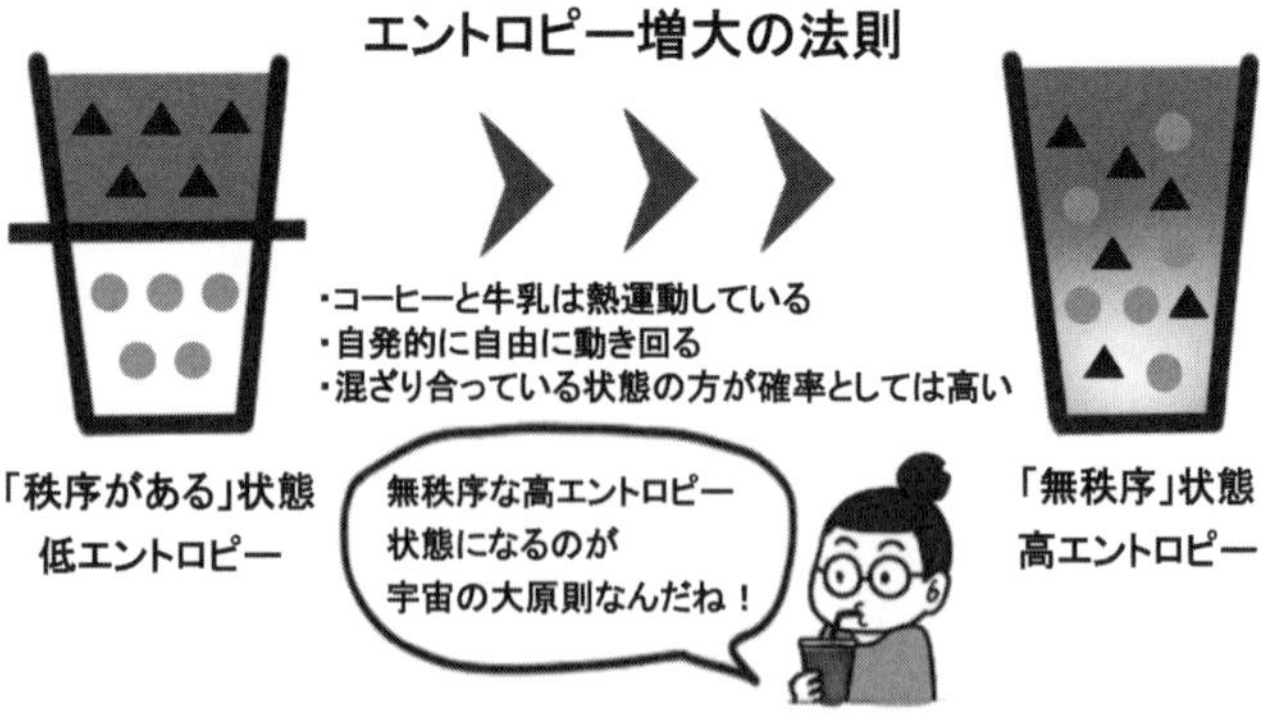
エントロピー増大の法則
・コーヒーと牛乳は熱運動している
・自発的に自由に動き回る
・混ざり合っている状態の方が確率としては高い
「秩序がある」状態
低エントロピー
無秩序な高エントロピー
状態になるのが
宇宙の大原則なんだね！
「無秩序」状態
高エントロピー

もとの低エントロピー（分離した）状態になる確率は0に近い

様子を見て、私たちは「時間が進んでいる」と感じているだけ……ということです。

「えぇ⁉　じゃあ時間って本当はないの？」

はい。科学的に見ると、私たちが**「時間」と呼んでいるものは、物事が散らかっていく様子を人間が解釈して創った概念だった**ということです。

宇宙で起こるすべては、無秩序な高エントロピー状態になることは間違いなく、これは宇宙の大原則。そして、ここからもとの低エントロピー状態、つまり分離した状態になる確率は無いとはいいきれないが、「0」といってもいいくらいに低い。

本来の時間の流れを知る

目の前のスマートフォンの文字、この本のページを見ている瞬間、呼吸——**あなたが「いま」だと思っているタイミングは、実はすでに過去のこと**です。なぜなら、脳科学的には私たちの脳は約20ミリ秒の遅延をもって現実を認識しているから。

前節で見てきたように、時間とは人間が創り出した概念であり、重力や速度によって伸び縮みするあやふやなものでした。時間そのものは物理的な実体を持たず、エントロピーの増大という現象を人間が観測し、そこに意味・方向づけしたものにすぎません。

では、時間の向きはどうでしょうか？

私たちは**「時間は過去から未来へと流れている」と思い込んでいますが、この常識も、実は私たちの思い込みなのかもしれません。**

無意識の働きによってすでに起こったことを認識して「いま、私が意志によって手を挙げた」と思ったり、すでに起きたことに対して「いま起こった」と感じたりしている。「いま」は、意識が「捉えた！」と思った瞬間には、すでに過去へと過ぎ去っているのだ。

第2章で解説した通り、量子力学における「パラレルワールド解釈」は、「未来には無数の可能性が存在し、それが現在へと流れてくる」という時間の流れを示唆しています。

そして、2500年以上前に生まれた仏教でも、なんと同様の時間観を持っていました。無数の可能性の未来から、条件に合う出来事が現在へと流れてきて、たちまち過去へと過ぎ去っていく、というものです。

そして、このような時間観については、多くの科学者・哲学者・思想家たちも言及しています。

作家の吉本ばななさんは、著書の中で高城剛《たかしろつよし》さんのメールマガジンの言葉を引用し、以下のように語っていました。

「(高城剛さんのメールマガジンから)『大半の地球人は、西洋的価値観に洗脳されて、時間は過去から未来に流れていると思い込んでいるけれど、それは違う。それが戦後教育の最大の欠陥で、時間は未来から過去に流れている。江戸時代の時計もそうなっているし、子どものときは未来から時間が流れていると感じている』

それを読んで、すごく感動したんです。時間は、未来から過去に向かって流れている。普通は逆だと思われているけど、まさにまさに。私も、ずっとそう思っていたから。たとえば子どもって、観たい番組があると『明日の夜七時にあの番組がある』っていうところからさかのぼって『だったら六時にはこれをして、七時までには家に帰らなきゃ』って考えるじゃないですか。つまり、未来のその時が、今の自分をつくっている」

（『「違うこと」をしないこと』〈KADOKAWA〉より）

次に、機能脳科学者・哲学者の苫米地《とまべち》英人《ひでと》さんのお話。

「実は、時間は未来から現在、過去へと流れています。未来の自分がいるから、現在の自分、そして過去の自分がいます」

（『気を整えて夢をかなえるリセット整理術』〈永岡書店〉より）

天才科学者アインシュタインは、友人との書簡に、こう記しました。

「我々物理学者にとっては、過去、現在、未来というものは幻想なのです。それが、どれほど確固としたもののように見えても、幻想にすぎないのです」

時間の概念をくつがえすような論説は、まだあります。

現代哲学者マルクス・ガブリエルは『日本社会への問い　欲望の時代を哲学するⅢ』（ＮＨＫ出版新書）の中で「あなたはまだ時は直線的だと思っていませんか？　時が循環しているというのは、決して、物事がもとに戻るということではありません。私たちが過去だと思っている物事が、実は未来だということなのです」といいました。

また、アルゼンチンの作家ホルヘ・ルイス・ボルヘスは著書『語るボルヘス　書物・不死性・時間ほか』（岩波文庫）で、イギリスの天文学者ジェイムズ・ブラッドリーの言葉を引き合いに「時間は未来から過去に向かって流れているというのです。そして、未来が過去に変わるその瞬間がわれわれの現在であると言っています」と書いています。

ここまでご紹介したお話は、時間に対する私たちの常識を崩壊させ、新たな時間観を提示しています。

知識人たちの多くが、現実や自分自身の感覚に対する深い観察と、これまでの経験によって培ってきた直観力・洞察力によって、知識と体感の両面から**「時間の正体」**を見抜いたのだと思われます。

そしてそれは、量子力学のパラレルワールド解釈、仏教の時間論、脳科学の研究結果が示していることとも、重なってきます。

私たちの意識は、**すでに起こった出来事を「いま起こっている」と解釈しているだけ**にすぎません。

このことからも、私たちが「過去から未来へ」と感じている時間の流れは、実は意識の錯覚であり、未来からやってくる可能性が、私たちの意識が捉える前に現実化し、それを私たちが後から認識して「いま」と感じている――これこそが時間の流れの本質なのかもしれません。

時間という幻想を超えて

「時間」とは人間が創り出した概念にすぎない——とはいっても、私たちは日々確かに「時間」を体験しています。

朝は目覚め、昼は活動し、夜は眠る。四季は巡り、人は歳を重ねていく。この「体験としての時間」は、たとえそれが幻想だとしても、私たちの人生にとって重要な意味を持っています。

ここで興味深いのは、この「体験としての時間」が、必ずしも過去から未来へと一方向に流れているわけではないという点です。

何度もお伝えしている通り、私たちの意識は現実を遅れて認識します。つまり、私たちが「いま」だと感じている瞬間は、厳密にいえば、すでに過ぎ去った「過去」。

では、私たちはどのようにして「いま」を生きているのでしょうか？

実は私たちの脳は、過去の体験だけでなく、**未来の予測にも基づいて行動を決定**しています。

たとえば、コーヒーカップを手に取るとき、私たちの脳は無意識のうちにその重さを予測し、適切な力を加えます。この予測がなければ、私たちは日常生活すら送れないでしょう。さらに興味深いことに、この「予測」は単なる機械的な計算ではありません。

より高い次元で、私たちの**「未来の記憶」**として存在しているのです。

「未来の記憶」という言葉は、一見すると矛盾しているように聞こえるかもしれませんが、先ほどの物理学や脳科学の知見、知識人たちの洞察を踏まえると、これは決して不思議な概念ではありませんよね。

私たちの意識が現実を後追いで認識しているのならば、むしろ「未来から現在へ」という時間の流れこそが自然です。

では、この「未来の記憶」は、私たちの人生にどのような影響を与えているのでしょうか？

実際、私たちは日常生活の中で、無意識のうちに「未来の記憶」を活用している。新しい仕事に挑戦するとき、恋愛をしているとき、家族を持つことを決意するとき——私たちは必ず、その未来の自分の姿を心の中に描いている。それは単なる想像ではなく、すでに私たちの中に存在する「記憶」なのだ。

アドラーの目的論

「過去は変えられない」というのは、私たちの常識です。

そしてその常識は、ある意味で正しい。なぜなら、すでに起こった出来事を物理的に変えることはできないからです。

ですが、「時間は過去から未来へと流れている」という概念によって、私たちはしばしば「過去の物語」に囚われ、動けなくなることがあります。

「あのときああしていれば、こんな人生にはならなかったのに……」

「過去がこうだったから、私にはできないんだ」

私たちはこんな風に**過去の出来事を「原因」とし、現在の状況を「結果」として捉えがち**です。

そして**「だから将来もきっとこうなるはず」と決めつけて**しまう。

たとえば、「小学校のときに発表会で失敗した」→「だから今も人前で話すのが怖い」→「これからもずっと苦手」、こんな感じです。まさに第2章で解説した「人生脚本」ですよね。「時間は過去から未来へと流れていく」という無意識の物語は、ときに私たちを「決定された人生」という檻の中へと導きます。

でも、前節でお話しした通り、時間が未来から過去へと流れているとしたらどうでしょうか？　この見方は、私たちの人生の捉え方を大きく変える可能性を秘めています。

「私の苦しみは過去のトラウマのせいだ」というような、原因論的な捉え方を否定したのが、フロイト、ユングと共に「心理学の3大巨頭」といわれている心理学者アルフレッド・アドラーです。

彼は人間の行動や感情を「過去の原因」から説明しようとする考

え方を否定しました。ここで、「人前で話すのが苦手だ」というBさんのエピソードをご紹介します。

明日は、経営陣や部長クラスも参加する、会社の売上を左右する重要な会議があります。Bさんは営業企画の仕事をしており、今回新しいプロジェクトの提案を任されました。数ヶ月前から準備を進め、自信のある企画でした。プレゼンが成功すれば、正式にプロジェクトが始動し、営業チームの新たな柱になるかもしれない――そんな期待を抱いていました。

ですが、その日が近づくにつれて胃がキリキリと痛みはじめます。「失敗したら恥ずかしい」「みんなにバカにされるかもしれない」と大きな不安に襲われ、「プレゼンからなんとか逃げられないか……」と思いはじめます。Bさんは、この不安は「自分は人前で話すことが苦手だ」という思いから生まれていると考えました。Bさんは過去を振り返り、ある経験を思い出します。

小学5年生のとき、Bさんはクラスで夏休みの自由研究を発表しました。星空の観察日記をまとめ、模造紙で資料を作り、お父さんの前で発表の練習を何度もした。でも、いざ人前に立つと、緊張で手が震え、声がうまく出てきません。何とか話し始めたものの、途中で言葉に詰まってしまいました。そのとき、教室の後ろの方で男子が「え、何？　聞こえねえよ」とクスクス笑い始め、他の子たちもつられて笑ったのです。Bさんは顔が真っ赤になり、恥ずかしさのあまりその場で泣いてしまいました。そしてそれ以来、「人前で話すのは苦手だ」と感じるようになったといいます。

「過去に失敗し笑われた経験が、人前で話すのが苦手な私を創った」

これが「原因論」。「何かの行動を過去が決定したということは断じてない。それは人生の嘘である」というのがアドラーの主張です。反対に、「すべての行動には目的がある」という「目的論」では、「私はプレゼンから逃げることで何かを得ようとしている」と考えます。

Bさんは目的論の視点から自分の心を見つめ直したところ、「プレゼンから逃げたいのは〝傷つくのを避けたい〟という目的があったからだ」と気づきました。

つまり、「プレゼンが苦手」なのではなく、「プレゼンから逃げることで得ようとしているもの（目的）があった」ということです。Bさんは、再度自分の心と向き合います。すると、本当は「自分の意見を、自信を持って人に伝えている」という思いがあることに気づきました。原因論のせいで、不安にとらわれ、本当の目的が見えなくなっていたのです。

これに気づいたことで「うまく話そうとしなくていい」と考えることができ、次第にBさんの不安は和らいでいきました。そして、実際にプレゼンを終えたとき、「ちゃんと伝わった！」と実感。それ以降「人前で話すのが苦手」という思い込みは少しずつ外れていったそうです。

Bさんのように、私たちは無意識のうちに、原因論によって本来の自分を見失うことがあります。「何かの行動に対して、トラウマや過去の傷に原因を求めるという思考は、目的を隠すものであり、本質ではない」というアドラーの主張に厳しさを感じる人もいるかもしれませんが、でも、目的論には本質的な希望があります。この視点は、「私は何のためにこの行動をとろうとしているのか？」という問いをもたらし、私たちを「未来の

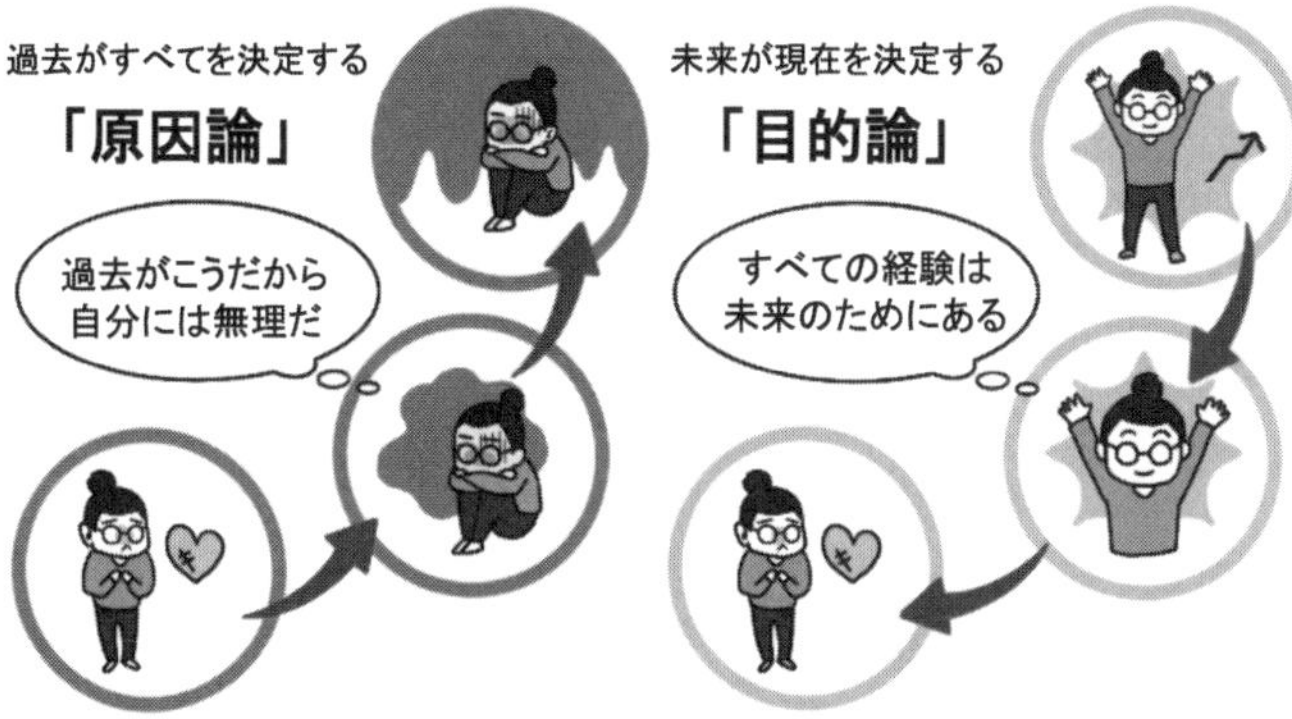

自分」「本来の思い」の発見へと導きます。

アドラー心理学は、私たちを常識的な時間の流れから解放してくれます。私たちは、過去に縛られているのではなく、「未来の目的」によって、「いま」の行動を決めているのです。

原因ありきではなく、結果ありきなのです。

私には、アドラーの目的論は「時間は未来から現在、そして過去へと流れている」という本来の時間の流れを説いていると思えてなりません。

あなたはいま、未来を生きている

ここで、「未来を思い出しながら生きている」という感覚についての面白い話を2つご紹介します。

ひとつめは「美味しいものを食べるとき、一番喜びが大きいのはどの瞬間か？」という脳科学の実験です。ヨーグルトのカップを目の前に出されて、フタを開けて食べ終わるまで、どの時点が最も激しく脳が喜ぶのかを計測した実験によると、意外なことに、「フタを開ける瞬間」だったのです。

めちゃくちゃ意外な事実ですが、これを言い換えると、人間は未来に起こる感覚を「いま」体験しながら生きている、ということですよね。

2つめは、未来に楽しみが待っているという状況を作ることは、現時点

「これはこういう味かな？」と想像しながらフタを開けるときに、人はすでに楽しみ始めている。食べている瞬間よりもフタを開けるときのほうが喜びは大きい、ということ。

梯谷幸司著『自分のままで突き抜ける無意識の法則』（大和書房）より。

での幸福度を高めるのに有効だという話。

1530人のオランダ人を対象に行われた調査（ジェロエン・ナウィンの論文「The holiday happiness curve」）によると、旅行中、つまり旅行そのものによって上昇した幸福度は、旅行終了後に長くても2週間で消失してしまったのに対し、旅行前の幸福度の上昇は8週間も持続したとのこと。

これら2つの話と、アドラーの「目的論」は、私たちは**未来を思い出しながら「いま」を生きている**、ということを示しているのではないでしょうか。

旅行そのものよりも、ワクワクしながら旅行の計画を立て、それを楽しみに日々を過ごすことのほうが幸福度の高まりは持続する、ということ。

次節で詳しく説明しますが、このことを総じて、私は「未来の記憶」と呼んでいます。

ここまでのことから考えると、**「過去も未来もすでに決まっている」**ということになります。過去の「事実」は確定しており、その事実に対する解釈によって無意識的に「いま」の行動が決定していく。そして、意識的か無意識的かにかかわらず、未来の目的によって私たちの「いま」の行動は決定していきます。

つまり、私たちの「いま」は、過去と未来が交わる「点」にあるということです。

「なんとなくわかったけど、でもそれを知ったからって何なの？」

率直なツッコミありがとうございます！

ではここから、「未来の記憶」に基づいて本来のあなたの目的を見つけ、「いま」を創ってまいりましょう！

未来の記憶を思い出す

未来の記憶とは、「あなたの中にすでに存在している本来の姿についての記憶」のことです。それは単なる願望や目標とは異なります。願望や目標は意志によって設定される未来の可能性ですが、未来の記憶は、あなたの中にすでに存在している思い・イメージです。

未来の記憶には、3つの特徴があります。

❶自然な確信

・意志や努力で作り出すものではなく、自然と湧き上がってくる

・「なぜかそう感じる」という静かな確信をともなう

❷本質的な喜び

・表面的な欲求や社会的な期待とは異なる

未来の記憶の例：子どもの頃、誰に教わるでもなく「将来は○○になりたい」と強く感じた経験があるとしたら、未来のあなたからの呼びかけかもしれない。また、はじめて訪れた場所なのに「ここで暮らすんだ」と確信めいた感覚を持ったのだとしたら、未来の記憶が「いま」に顔を覗かせた瞬間かもしれない。

・それを思い出すと、深い喜びや安らぎを感じる

❸創造的な力

・現実を自然と変容させていく力を持つ
・意識的な努力なしに、状況が変化していく

また「未来の記憶」は、ときとして「違和感」という形であなたに語りかけてきます。「いまの状況は何かが違う」という感覚は、実は未来の記憶とのギャップを教えてくれているサインなのです。

「未来の記憶」を思い出した途端に、人生は劇的に変わります。

「未来の記憶」というと、何か「不思議な力」のように受け取る方もいらっしゃるかもしれませんが、そんなことはまったくありません。情報処理の観点から人間の認知（知覚・記憶・思考・言語・学習・意思決定・行動選択など）の働きを研究する認知心理学の言葉に「展望記憶」というものがあります。これは、端的にいえば「未来に対する記憶」のこと。

少し前に紹介した、吉本ばななさんの話がわかりやすいです。あなたも子どもの頃、「夜7時に観たい番組がある」というところから遡って「だったら6時にはこれをして、7時までには家に帰らなきゃ」などと考えたことがあるのではないでしょうか？

もう少し長期的な話でいえば、たとえば高校生の頃に「大学に入り、講義を聞いて勉強したり、ひとり暮らしをしたりして大学生活を楽しんでいるイメージ」を持った。結果、実際に大学に合格し、キャンパスライフを楽しんでいる人もいるでしょう。

2024年、メジャーリーグでワールドシリーズ優勝を果たしたロサンゼルス・ドジャースの大谷翔平選手が、高校1年生の冬に「ドラフト1位8球団から指名される」とマンダラチャートの中心に書いたのは有名です。これこそまさに「未来の記憶」。

実際には、高校3年生のときに「メジャーへ行くから指名されても断る」と宣言していたため、日本ハムファイターズ以外の球団は指名を避けたそうですが、このように結果的に多少のズレが生じることはあるものの、その中にある思い・イメージは一致します。

未来を思い出す意味

子どもの頃、遠足に行く前の日はどんな感じでしたか？

「お弁当、何が入ってるのかなぁ……楽しみ！」
「バスの中で友達と一緒にあのゲームをやろう」
など、未来の楽しい一日をワクワクしながらイメージしすぎて眠れなかったなんて記憶はないでしょうか。

遠足当日の楽しい自分の姿が、前日の状態に影響を与えている。これこそが「未来の記憶」です。

でも大人になると、どうしても「現実的に考えなきゃ」「そんな夢みたいなこと……」と、未来にフタをしてしまいがちです。その結果、**本来の自分が望んでいた道からズレていってしまう**のです。

実は私たちは誰もが、意識する・しないにかかわらず「目的」を持って生きています。その目的とは「自分らしい欲求を満たすこと」。

ここで大切なのは、この「自分らしい欲求」は、頭で考えて出すものではないということ。それは自然と心の中に湧き上がってくるもので、強制することも消し去ることもできません。

その自分らしい欲求・純粋な欲求は、「満たされる」という目的を持って生まれてきます。だから、自然と湧き上がってくる純粋な欲求にフタをせず、一時的な他の欲求とすり替えることもせず、自分らしい欲求を満たすことがとても大切です。

逆から見れば、**「満たされている未来」がすでにあって、その未来があなたを「いま、ここ」まで導いてきた**、という可能性が見えてきます。

この「未来の記憶」に気づくことで、人生の物語はぐっと面白くなります。過去の辛い出来事も、「だからこそいまの私がある」という新しい意味を持ち始める。悲しかった思い出が、人への優しさを学んだ大切な経験として輝き始める。すべてに意味があったのです。

たとえば、スマホで見る美味しそうな料理の動画を「おなかすいてないのに見ちゃう」という経験もあるだろう。これは表面的な食欲とは違う、もっと深いところにある「感動や喜びを味わいたい」という欲求かもしれない。

もしかしたら「そんな都合のいい話、信じられない」と感じる方もいるかもしれません。でも、それも実は「未来は不確かなもの」という思い込みが作り出している反応なのです。

第2章で見てきたように、私たちの行動は意識よりも先に無意識が決めています。そしてこの第4章では、時間は未来から過去へと流れている可能性を探りました。そう考えてみると、あなたはいま、未来の記憶に向かって生きている最中なのかもしれません。

「信じるか信じないか」という話ではありません。ここまで、意志より先に無意識が動き、行動を起こしており、時間は未来から過去へと流れているという話を論理的に突き詰めてきました。

そして、その「流れ」の中で、未来の記憶が現実になるという体験を、実は、あなたは実際に何度もしてきているのです。

未来の「思い」がいまを創る

自分らしく生きている未来の自分が、いまの自分にアドバイスするとしたら、どんな言葉をかけるでしょうか？

本来の自分を取り戻すための最も確実な方法は、未来の記憶を思い出すことです。

私たちの「いま」は、過去の事実と未来の記憶という2つの力によって形作られています。過去に起きた出来事は、私たちの無意識に深く刻み込まれ、自動的な行動パターンを生み出します。一方で、未来の記憶という「思い」もまた、「いま」の行動を強く方向づけています。

具体的な例として、私の筋トレでの気づきを紹介させてください。ジムで筋トレを始めて6ヶ月。最初はベンチプレス40kgを上げるのがやっとだった私が、いまでは自分の体重よりも重い55kgを10回×3セット上げられるようになりました。スクワットやデッドリフトなども含め、体重・体脂肪率を下げながら着実に筋力がついています。

なぜ変化が起きたのか？　それは、ただ「理想＝本来あるべき姿」を思い出しただけ。当初はなんとなく運動不足で始めたジム通いで、「まあ、健康を維持できればいいか」くらいの思いでしたが、6ヶ月前に自分のたるんだお腹がふと気になり、「体脂肪率を落としながら、筋肉をつけたいです」とパーソナルトレーナーに伝えた瞬間から、変化が始まったのです。

自分の身体に勝手に意識が向くようになり、インプットする情報も、外食時に食べるものも、スーパーで目につく食材も、自然と変わっていきました。

私の事例は自慢するほどの変化ではありませんが、この体験は、人生のあらゆる場面に適用できます。

たとえば、「プレゼンテーションでうまく話せるようになりたい」という場合を考えてみましょう。そう思う多くの人は「私は人前で話すのが苦手だ」という思い込みに囚われているかもしれません。でも、自分の本来的な姿である「聴衆を魅了しながら自信を持って話している私」を思い描くことで、必ず変化は起こります。

仕事での人間関係も同じです。「この上司とは絶対に相性が悪い」「この部下は使えない」という思い込みは、実は過去の体験による無意識のパターンかもしれません。でも、「他者と良好な関係を築いている」という未来の記憶を思い出せば、関係性は確実に変化していきます。

子育てにおいても、「うちの子は言うことを聞かない」という思い込みは、親子関係をより困難なものにしてしまいます。しかし、本来の「この子と私は心が通じ合っている」という未来の記憶を思い出せば、子どもとの関係は自然と変化していくのです。

行動ややり方ありきではなく、**「未来の記憶」**ありきなのです。

現状を把握し、目の前の課題に取り組むことはもちろん大切です。しかし、それ以上に重要なのは、すでにあなたの中に存在している未来の記憶を思い出し、その記憶と「いま」を一致させるために「思い」の力を使うことです。それは筋肉を鍛えるのと同じように、人生のあらゆる側面において機能します。

ここで重要なのは、「ベイビーステップ」、つまり小さな一歩を積み重ねることから始めることです。

たとえば筋トレで、いきなり重いウェイトを持ち上げようとすれば、すぐに挫折してしまいますよね。同じように、人生においても一足飛びに大きな結果を求めると、成功体験を積むことができず、過去の「できていない自分」に引きずられ途中で諦めてしまいがちです。

不思議なことに、未来の記憶を思い出すこと、その「思い」を意識するだけでも、私たちの無意識はその記憶と一致する方向へと自然と動き始めます。プレゼンの練習をしていなかった時間にも、無意識のうちに話し方が洗練されていったり、人間関係を意識していない時間にも、自然と人を理解する思考や言動が増えていったりするのです。

ここでちょっと、あなたの人生を振り返ってみてください。

大切なのは、いまの自分が確実にできることと、与えられた役割を積み重ねていくこと。少しずつでも前に進み続ければ、理想と現実のギャップは自然と埋まっていく。「やりたくない」という思考に流れないように、小さな一歩を積み重ねて成功体験をつなげていくことで、脳は未来の記憶をちょっとずつ信じ始める。

仕事で「なんだかしっくりこない」と感じることはありませんか？

人間関係で「もっと違う関わり方があるはずなのに」と思うことは？

毎日の生活の中で「本当はこんな風に過ごしたいのに」という感覚は？


この「しっくりこない」「なんか違う」という感覚こそ、実は大切なメッセージなのです。なぜなら、この違和感は、あなたの中にある未来の記憶と、「いま」とのギャップを教えてくれているから。その違和感の中に、本来のあなたが望む姿、すでにあなたの中に存在している未来の記憶が隠れています。


現状に不満があるということは、その先の希望を見ているということ。

ぜひ、違和感の奥にある未来の記憶を思い出してみてください。

そして、その「思い」を日常において何度も思い出してみましょう。すると、想像以上の変化が自然と生まれ始めるはずです。


不満や違和感を覚える場面で、「本当はどんな自分でありたかったのか？」と自分に問いかけてみよう。

未来の記憶を思い出す方法

ここまで、

「脳が創り出す現実」

「時間の本質」

「自己限定の解除」

など様々な観点から現実や人生について学び、途方もない回り道をしてきました。


ですが、それらは決して無駄ではありません。なぜなら、これらすべての理解は、あなたが本来持っている「未来の記憶」を取り戻すための土台となるからです。

目的地がなければどこへも行けません。重要なのは、理想の未来を漠然と思い描くことではなく、**あなたの中に確かに存在する「未来の記憶」と**

出会うことです。

そして、その記憶が示す方向に向かって、**「思い」の力を使って無意識を導いていく**ことです。

私たちの「いま」は、過去と未来という2つの軸が交わる座標にあります。過去の事実を変えることはできませんが、あなたが体験した事実にはいま思っているよりもはるかに深い意味があったのです。

人生を振り返り、その意味を見出すこと、再解釈することによって、過去を変えることができます。

そして、時間は未来から過去へと流れている。つまり、過去にその体験があった理由は、未来であなたがもたらした結果に行き着くためだったのです。

だから、未来の記憶を思い出すことが重要なのです。

どんなにネガティブな体験だったとしても、その過去は、未来に成長したあなたによって受け取られ、「生きる目的」へと変容するのを待っているのだ。

ワーク

未来の記憶を思い出す

■このワークで得られる効果

- 本来のあなたが望んでいることが明確になる
- 純粋な欲求に気づきやすくなる
- 行動の本当の目的が見えてくる
- モチベーションが自然と湧いてくる
- 日々の選択がブレなくなる

■ワークの手順

❶これまでの人生で強く印象に残っている以下のような体験を思い出し、リストアップしてください。

- 嬉しかったこと
- 楽しかったこと

○気持ちが良かったこと
○誇らしかったこと
○すがすがしさを感じたこと

❷それぞれの体験について、感動の強さを10段階で評価してください。

❸最も高得点をつけた体験について、次の項目を詳しく書いてください。

○どんな状況だったか
○誰と一緒だったか
○どんな感情を味わったか
○なぜそれほど感動したのか

❹そのときの気持ちをいま、心の中でもう一度味わってみてください。

❺味わい直して気づいたこと、思い出したことを書き留めます。

最高の体験を思い出すコツ：
・評価を気にせず、素直な気持ちで書き出す
・細かいことまで思い出そうとせず、感情を中心に
・「こんなことで」と判断せず、すべての体験を大切に

お疲れさまでした。このワークのポイントは、「最も感動した体験」の中に隠された「ほんとうの欲求」を見つけることです。

たとえば「部活の試合で勝てた」という体験。単純に「勝利」が嬉しかっただけでしょうか？

もしかしたら「チームでひとつの目標に向かって頑張れた」「観客が熱狂してくれた」「自分の成長を実感できた」など、もっと深い喜びがあったかもしれません。

表面的な結果の奥にある感動こそが、**本来のあなたが満たしたい欲求**であり、「未来の記憶」です。しかし、いざその目的に向かって動こうとしても、自己限定や思い込みがブレーキをかけてしまうことがあります。そしてあなたらしい欲求が満たされなければ、心はストレスを抱え続け、満足度の高い人生を創ることはできません。

だからこそ、このワークで見つけた感動を大切にしてください。それは、本来のあなたの未来の目的へと導いてくれる道標です。

日々の選択に迷ったとき、この感動を思い出し、あなたの内側から湧き上がる直観に従って行動してみてください。そうすれば、きっとあなたの未来は、本来あるべき姿に近づいていくはずです。

第5章

創造力の源泉にアクセスする

私たちは「理想の未来」に向かって、日々たくさんの選択を重ねながら生きている「つもり」でいます。でも、その理想とは一体誰のものなのでしょうか。自分？　それとも親や先生や社会からの期待？　その選択は、**ほんとうに自分の望み**なのでしょうか？

ここまでの章で見てきたように、私たちの見ている現実は、脳が創り出した幻想です。そして、その現実を創り出しているのは、意志ではなく、無意識の中にある「思い」。意志より先に身体は動き、過去の体験から生まれた思い込みや、未来の記憶が、現実を形作っています。

その流れの中で、「あなたらしい欲求」を満たすためには、まずあなたの心の奥深くで眠っている**「純度100％のあなた」**を取り戻すことです。それが、**人生をほんとうの成功に導く創造力の源泉**なのです。

私が運営しているジャーナリング講座で出会ったYさんの話が、このことを鮮やかに物語っていました。

Yさんには障がいがある娘さんがいます。娘さんの特徴は、未来の出来事を「いま」のように生きてしまうこと。たとえば1ヶ月後に遠足があると知ると、今から着ていく服を決め、持ち物を準備し、集合時間や行動予定を細かく確認する。そして、それを毎日何度も何度もYさんに話すのです。

不安になることでもこの特性は発動してしまうため、Yさんは時として疲れ果ててしまうことがありました。

でも最近、ある変化が起きました。２０２４年10月のある日、久しぶりの家族旅行がとても楽しかった娘さんに、Yさんは約束をしました。「3月3日の誕生日に、大好きなテーマパークに行こうね」と。すると娘さんは、５ヶ月も先のその予定にいまからウキウキし、そのとき着ていく洋服を決め、毎日毎日、「これを着ていくんだ！」と嬉しそうに報告するようになりました。「3月3日までその服を着ないでとっておくの？　それはもったいないよー」という母の言葉など耳に入りません。

これもYさんにしてみれば困った特性が出たなと感じてしまう出来事でしたが……でも、興味深い変化が起きていました。Yさんは私との対話の中でこう気づいたのです。

「そういえば娘は、この約束をしてから、いままで本当に楽しいことがないと見せなかった満面の笑みを日常の中でも見せるようになりました」

これこそまさに、未来の記憶が「いま」を創っていることを鮮やかに物語る例でした。

Yさんの娘さんは、大好きなテーマパークで過ごす一日を、すでに確かな喜びとして生きています。その未来の記憶は、彼女の「いま」を輝かせ、日々の表情さえも変えてしまう。私たちの「いま」を創るのは、すでに無意識にセットされている「思い」なのです。

未来の記憶は、喜び・楽しみ・ワクワクの体験の中にあり、あなたの中に眠っている才能を解放し、日々のパフォーマンスを高めるもの。「未来の記憶」の本質的なエネルギーは、「あなたらしい欲求」を満たすためにあります。

未来の記憶から、あなたの純粋な欲求に気づく。無意識の思い込み＝自己限定を解除し、あなたらしい欲求を満たすための「思い」を無意識領域にセットできれば、あなたの中に眠っていた才能は勝手に動き出し、人生

あなたの中には「あなたらしい欲求」が眠っており、それは満たされるのを待っている。その欲求に気づくきっかけとなるのが「未来の記憶」と「自己限定を生み出した過去」なのだ。

は自然と理想の方向へと動き始めます。

過去に囚われることにも、未来に不安を抱くことにも、意味があります。すべては、あなたらしい純粋な欲求が「いま」満たされるよう、送られてくるメッセージなのでした。

この章では、そのメッセージを受け取り、創造性の源泉に辿り着くための道筋をお伝えしていきます。

思いは時空を超えてやってくる

あなたは、突然湧き上がってくるインスピレーションや閃《ひらめ》きを体験したことはありませんか？　「どこからこのアイデアが来たんだろう？」と思うような、不思議な創造性に触れたような瞬間を。

私は長年、そういった創造性は「才能がある個人だけのもの」だと思い込んでいました。でも、最新の科学的発見と古代からの叡智を紐解いていくうちに、ある事実に出会ったのです。

それは、人類の偉大な発見や芸術作品の多くが、「降りてきた」「授かった」という体験として語られているということ。しばしば天才と呼ばれる人々でさえ、自分は単なる「受け手」にすぎないと語っているのです。

ここから、私たちの中に確かに存在している創造力の源泉がどこにあるのかを探っていきます。天才たちの証言から最新の科学的知見まで、時空を超えた「思い」の不思議な性質について、一緒に見ていきましょう。

第5章
創造力の源泉にアクセスする

古来、偉大な思想家たちや科学者たち、芸術家たちは、時空を超えた「思い」の力を感じ取り、それを私たちに伝えようとしてきました。

私たちは日々、意識することなく、こうした思いの影響を受けています。たとえば、あなたが何気なく使っている言葉の中にも、はるか昔を生きた誰かの深い思索が宿っているし、あなたの仕事の進め方にも、先人たちの試行錯誤から生まれた智慧が息づいているはずです。

1994年、フランスの洞窟探検家ジャン＝マリー・ショーヴェは、驚くべき発見をします。約3万年前の氷河時代に描かれた洞窟壁画。そこには、単なる写実を超えた高度な芸術性がありました。動物たちの感情を表現し、岩の凹凸を巧みに利用して立体感を生み出す。さらには、バイソンと人間を組み合わせた想像上の存在まで描かれていたのです。

最も興味深いのは、遠い過去の「記録」が現代の人々の心を強く揺さぶったという事実です。3万年の時を超えて、画家たちの意識の記録は、現代を生きる人間の神経細胞を再び発火させたのです。この事実は、「記憶」と「記録」が現在と未来を創っている、時空を超えた不思議なつなが

偉大な思想家たちや科学者たち、芸術家たちの言葉や発見は、何百年、何千年もの時を超えて、過去からいまへと投げかけられた思いであると同時に、未来からいまへと差し出された導きの手なのかもしれない。現に私（本書の著者）が書き綴っているアイデアは私のものではなく、本書も過去を創った偉大な人々の言葉でできている。

ジム・アル＝カリリとジョンジョー・マクファデンの共著『量子力学で生命の謎を解く』〈SBクリエイティブ〉より。

りがあることを示しているのではないでしょうか。

私たちの遺伝子も、太古からの記憶を記録したものとして私たちの肉体と個性を形作っています。そして古代の建造物や芸術作品、先人たちの人生の物語も、いまを生きる私たちの心と行動を確かに変容させているのです。


私はこの話から、クリストファー・ノーラン監督のSF映画『TENET』を思い出しました。時間を逆行する装置を駆使してこの世界を消そうとする人間と、この世界を続かせようとする人間とが衝突するドラマの中で、「記憶」と「記録」の力を鮮やかに描き出している映画です。

ネタバレになりますが、最後のシーン。キャットという女性が息子を学校に迎えに行ったとき。近くに停まっている怪しい黒い車を見つけた彼女は、携帯電話に留守電を入れて「記録」を残します。すると、名もなき主人公は未来において「記録」を受け取り、現在に現れ、彼女の暗殺を妨害する。名もなき主人公がなぜそんなことをするのかというと、キャットと過ごした「記憶」を大切に思っているからであると私は解釈しました。


時を超えて、ショーヴェが懐中電灯の光を洞窟の壁に当てたとき、はるか昔に死んだ画家たちの思いが再び蘇った。彼は友人とともに壁画を目にした瞬間のことを、こう語った。

「ぼくたちは孤独ではなく、この画家たちの魂と精神に取り囲まれているのだと感じて、身体が重くなった気がした。彼らの存在が感じられると思ったんだ」

この映画を観て、過去の記憶と記録が「いま」を創っている、「記録は未来への手紙」なのかもしれない、と思いました。

先ほどの洞窟壁画もそうです。「記録」は時空を超えて私たちの元に届き、「記憶」は人の心と身体を動かす。その私たちがいま、現実を創り出している。

過去を創った人々が未来へと投げた思いが、いま私たちによって受け取られ、それによって私たちは動いている。そして**私たちもまた、未来へと思いを投げかけているのです**。

また、政治学者の中島岳志さんは著書『思いがけず利他』（ミシマ社）の中で、時空を超えてやってくる思いの性質に触れています。彼は、ヒンディー語の与格構文に含まれている思想について次のように書いています。

「言葉が私にやって来て留まっている」

「私は言葉の器である。言葉は私に宿り、また次の世代に宿る。私がいなくなっても、言葉は器を変えて継承されていく」


「ヒンディー語の文法書では、自分の意見や力が及ばない現象については、『与格』を使って表現すると書いてある」「自分の行為や感情が、不可抗力によって作動する場合、ヒンディー語では『与格』を使う」と中島さんは言っている。

この視点は「利他」の本質を考える上で重要な示唆を与えます。中島さんはこういいます。

「利他は、受け取られたときに発動する」

私たちは他者の行為や言葉を受け取ることで、相手を利他の主体とすることができる。そして、この「受け取る」という行為は、私たちの存在そのものとも深く関わっています。再度、中島さんの言葉を引用します。

「いまの私が、いまの状態にあることは『たまたま』である。様々な縁が重なり合い、偶然手にしているのが、私の境遇である」

私たちの存在は、数え切れない偶然の積み重ねの上に成り立っており、自分のルーツを遡れば、無数の人々の出会いがあっていまの私たちがいる。それは奇跡としか言いようのない偶然ですよね。そして、その偶然を「私」として受け止めたとき、それは「運命」へと変容します。

過去からの思いや行為を「利他」として受け取ることで、それまで意味のなかった出来事が深い意味を持ち始める。

そして、その瞬間から私たちは、「いま」という瞬間を、未来に向けて投げかける主体となっていくのです。

「いま」という無時間性

「アイデアがひらめく」「直観的に動く」「インスピレーションを受ける」――私たちはこのような体験をするとき、一体その創造性はどこから生まれているのでしょうか。

最近、私はこの本を書き上げる過程で頭がぐちゃぐちゃに混乱してどうしようもなくなったときが何度かあったのですが（笑）、そのとき不思議な体験をしました。

気分を変えるために外に出て新鮮な空気を吸っていると、背後で「カサカサ」と音がしたのです。びっくりしておそるおそる振り返ってみると、なんのことはありません。庭に生えている雑草と雑草がこすれる音でした。しばらく、何の気なしにぼーっとその様子を見ていました。雑草は風に吹かれて震えている。するとふと、「自分もこの雑草と同じなのかもしれないなぁ」という思いが湧き上がりました。

私はみずからの力で「生きている」と思っているけれど、自然の中に生きる草花のように、ただただ、環境・思いに吹かれて震えているだけなんじゃないかと思えてきたのです。すると心が落ち着き、アイデアが湧いてきて執筆に没入することができました。

この体験につながっているかわかりませんが、心理学者・河合隼雄さん著『無意識の構造』の最後に、こんなことが書かれていました。

「日本人の意識・無意識を含めた心の在りかたというものが、どのように表現されてきたかを、丹念に振り返ることの必要性をも痛感している。実のところ、無意識の世界の無時間性という点に注目するならば、古いものの中に、まったく新しいものを発見することも可能であると思われる」

河合さんが指摘する「無意識の世界の無時間性」は、現代の科学的発見とも呼応します。私たちの意識は約20ミリ秒の遅延を持って現実を認識し

この経験以来、草花が揺れる音を聞いたとき、「草と風が自分に話しかけてきている」気がして、喜びがこみ上げてくる。不思議ちゃんかもしれない？（笑）今日も変わらず自然は美しい。

ていますが、無意識はそのような時間的制約を受けていません。

夢の中では過去と未来が混ざり合い、直観は時として驚くべき正確さで未来を予感するのです。

実は、多くの天才たちは創造の瞬間について、驚くほど似た体験を報告しています。

版画家の棟方《むなかた》志功《しこう》は「我が業は、我が為すにあらず」（自分の作品は自分が創ったものではない）と語り、坂本龍一さんは名曲『戦場のメリークリスマス』の制作秘話で「突然意識がなくなって目が覚めたら譜面が書いてあった。まさに自動筆記みたい」と表現しました。

彼らは口を揃えて、アイデアは「自分が生み出した」というより「どこからか降りてきた」と語るのです。

この不思議な創造の瞬間は、様々な形で報告されています。スポーツ選手の「ゾーン」、芸術家の「インスピレーション」、科学者の「ひらめき」、これらはすべて、日本の哲学者・西田幾多郎が「純粋経験（思考や判断が

第4章の「時間という幻想」で引用した通り、アインシュタインは「過去・現在・未来は幻想だ」と語った。現代物理学は、時間の流れそのものが私たちの意識が生み出した幻想である可能性を示唆している。この無時間性は、創造性の源泉となっている可能性がある。芸術家がインスピレーションを得るとき、科学者が直観的に真理をつかむとき、そこには時間を超えた無意識からのメッセージが含まれているのかもしれない。

入る前のありのままの経験）」と呼んだ状態に通じていると私は感じました。

これまで人間が創造してきた物語・作品・製品、歴史を積み上げてきた偉人たちの膨大な知識と体験によって突き詰められた知性は、言葉や文字、あるいは声や音として「記録」され、未来の私たちに確かに届いています。それらの「記録」は、私たちの日常の中に確かに息づく神秘であると思えてきました。

私たち人間は、自分自身の思いだけでなく、同時代を生きる他者、未来を生きる人類、そして過去を生きた人々の「思い」に揺らめきながら存在している——そう考えると、創造性の源泉がより明確に見えてきます。

創造性にアクセスするための鍵

では、私たちはどうすればこの創造性の源泉にアクセスできるのでしょうか。それは実はとてもシンプルで、あなたの中に**すでに備わっている「直観力」を磨く**ことです。

私たちは「理性的に判断すべき」と考えがちです。その一方で逆に、ブルース・リーの名言「考えるな、感じろ」こそが唯一の正解だと思い込んでいる。

でも実は、人生の重要な場面で最も信頼できるのは、そのどちらかではなく「どちらも」です。2つが融合した「直観」です。

それは単なる「感覚」や「勘」ではなく、あなたの内なる天才とつながるための超重要な力です。

この節では、意識的な「直感」と無意識的な「直観」の違いを理解し、創造性の扉を開く具体的な方法を見ていきます。それは、あなたの中に眠る天才性を解放する鍵となるはずです。

「ちょっかん」と読む言葉には、「直感」と「直観」という2つの熟語がありますよね。同じことをいっているようで、この2つの能力には重要な違いがあります。

「直感」は、ある状況を瞬時に感じ取る能力。

一方の「直観」は、知性の力に基づくより高い次元での理解を指します。物事の本質や全体像を直視する能力であり、時間をかけて培われる洞察力を含んでいます。

実は、私たちの脳には、この直観力に導かれて発揮される驚くべき能力が眠っています。

映画『レインマン』に登場するサヴァン症候群の主人公のように、百本以上のマッチの数を瞬時に数えたり、一度見ただけのトランプの並びを完璧に記憶したりする能力、他にも一度聞いただけで音楽を再現したり、わずかな時間で見た風景を細部まで描き出したりする人々の存在が、医学

「直感」は、「この人とは気が合いそうだ」という第一印象や、危険を察知して即座にその場を離れる判断など、主に身体的な反応として現れる。これは五感を通じてやってくる、感覚的な反応といえる。一方の「直観」は、たとえば、複雑な問題の背後にあるシンプルな原理を見抜いたり、サッカーのゴール前でこぼれ球が来そうなポジションがわかってしまったり、ビジネスの大きな可能性を感じ取ったりする能力である。

的・科学的に報告されています。

またこれは、第2章で紹介した脳科学者ジル・ボルト・テイラーの話とも共鳴します。脳科学的・心理学的・体験的気づきによれば、「真のセルフ」に対応する「右脳の上」は、私たちの源である全知全能の知性であり、私たちが宇宙の意識を身体に宿す仕組みのありかでもあり、すべてがつながっているということを当たり前に知っている、とのこと。

つまり何がいいたいのかというと、「直観力」こそが、創造力の源泉にアクセスするための鍵となる、ということです。

なぜなら、**直観は意識的な自我の制限から解放されている**からです。

私たちの意識的な思考は、どうしても「私」という枠の中に閉じこもりがちです。「私が成功したい」「私が認められたい」――このような意識的な思いは、自我という壁によって制限されています。

しかし直観は、この「私」という自我の枠を超えて働きます。

過去を生きた偉人たちの叡智とつながり、人類の未来の記憶との共鳴すら可能にします。芸術家や科学者が体験する**「アイデアが降りてきた」という感覚は、まさにこの直観によって、時空を超えた創発の場とつながっ**

知的障がいなどの発達障がいがありながらも、特定の分野において一般人をはるかにしのぐ能力を発揮することを「サヴァン症候群」と呼ぶ。

た瞬間なのです。

では、どうすれば直観力を磨くことができるのでしょうか？

それは意外にもシンプルです。まずは「直観を信じて行動する私を許そう」と決めることから始まります。左脳の論理的思考で否定せず、無意識からのメッセージに耳を傾けてみる。その設定が無意識になじんでくると、あなたらしい欲求が見えてきたり、その実現のためのアイデアが自然と湧いてきたりするようになります。

私たちの意識は常に遅れて現実を認識していますが、無意識は限りなく「いま」に近い点にいます。**直観力とは、この無意識からのメッセージを受け取る能力**だと私は捉えています。

直観による体験は、私たちの日常生活でもよく起こっている。誰かと深い会話をしているとき、「私」という意識が薄れて思いが自然と響き合う瞬間。自然の中で過ごしていると き、ふと世界との一体感を感じる瞬間。そんなとき、私たちの直観は時空を超えた無時間性に触れているのだ。

直観力が発揮される座標

あなたは気づいているでしょうか？

何かに夢中になっているとき、時間の感覚が変わり、アイデアが自然と湧いてくることを。

実は、私たちの創造性が最も発揮される「座標」が存在します。スポーツ選手、芸術家、科学者――彼らが驚くべきパフォーマンスを発揮するとき、必ずこの特別な地点に立っているのです。

ここでは、その「座標」の正体と、そこにアクセスする方法をお伝えします。それはあなたの直観力を解放する道標となるはずです。

ところであなたは「時間がゆっくり流れている」というような特別な体験をしたことはありませんか？

この不思議な現象について、科学は興味深い発見をしています。

神経科学者のデイヴィッド・イーグルマンは、この現象を「脳の情報処理能力が劇的に高まった状態」として説明します。極度の集中状態では、脳は通常とは異なる順序で情報を処理し、それによって時間がスローモーションのように感じられるのです。

注目すべきは、この現象が心理学者ミハイ・チクセントミハイの提唱する**「フロー状態」**と深い関係があるという点です。

フローとは、ある活動に完全に没入している状態を指します。この状態は文化や性別、人種、国籍に関係なく、世界中で報告される普遍的な体験です。

有名なのは、1956年から1969年までボストン・セルティックスで活躍した伝説的バスケットボール選手のビル・ラッセルが話した「試合がスローモーションで進んでいるようだった」という体験談。

プロスポーツ選手の体験するそれとはレベルが違うかもしれませんが、思い返してみると、この「時間の流れが変わる」という不思議な体験を、

大好きな本に夢中になっているとき、趣味に没頭しているとき、あるいはスポーツで極限の集中状態に入ったとき。時計の針は変わらず進んでいるのに、体験する時間が違って感じられる、そんな体験を「フロー状態」と呼ぶ。

私自身も過去にしていました。

高校生のとき、サッカー部に所属していた私は、3年生の夏、最後の試合でレギュラーとしてピッチに立つ機会を得ました。

試合開始直後、私の身体と心はバラバラで、気がつけば、相手チームが蹴ったボールが私たちのゴールネットを揺らしていました。それくらい私の心は、いまここにあらず、どこかに飛んでいました。

試合開始から5分も経たないうちに「あぁ、もうダメだ」と思っていたそのとき、オフサイドの判定が下り、スコアは0対0に戻りました。

それ以降のことは、ぼんやりとしか記憶にありませんが、ただ、試合開始後5分間の「私たち」と、その後の「わたしたち」は、明らかに別人だったと確信しています。

振り返ると、それは「ここにいる意味・目的」を思い出し、心と身体が完全に一致した瞬間だったように思います。疲れも苦しみも喜びも楽しさも、そういった感情すらありませんでした。ボールと、グラウンドと、チームと、相手と、一体化しているかのような感覚。集中している対象すらわからないくらいの没入感。

そしてその中で、ひとつだけ鮮明に覚えていることがあります。それは、**急に時間の流れがゆっくりになったような感覚**です。

誰がどこにいて、次にボールがどこに飛んでいって、それはチームの守りの要である背の高いあいつがヘディングしてはじくから大丈夫だな、というように、目の前の出来事がスローモーションのように見えた瞬間がありました。

「つながっている」「大丈夫」――そんな感覚を味わった瞬間だけは、いまも鮮明に覚えています。

このような特別な状態はどのように生まれるのか？

チクセントミハイの研究によれば、フロー状態は「挑戦レベル」と「能力レベル」のバランスが重要です。挑戦が低すぎれば退屈が、高すぎれば不安が生まれます。理想的なフローは、**高度な挑戦と、それに応える能力が出会うときに生まれる**のです。

このバランスがとれたとき、私たちは驚くべき体験をします。集中力が高まり、能力が最大限に発揮され、そして最も重要な特徴として「自己意

「過去」に磨いてきた能力と、「未来」への挑戦が交わる点で「フロー」が起こる。

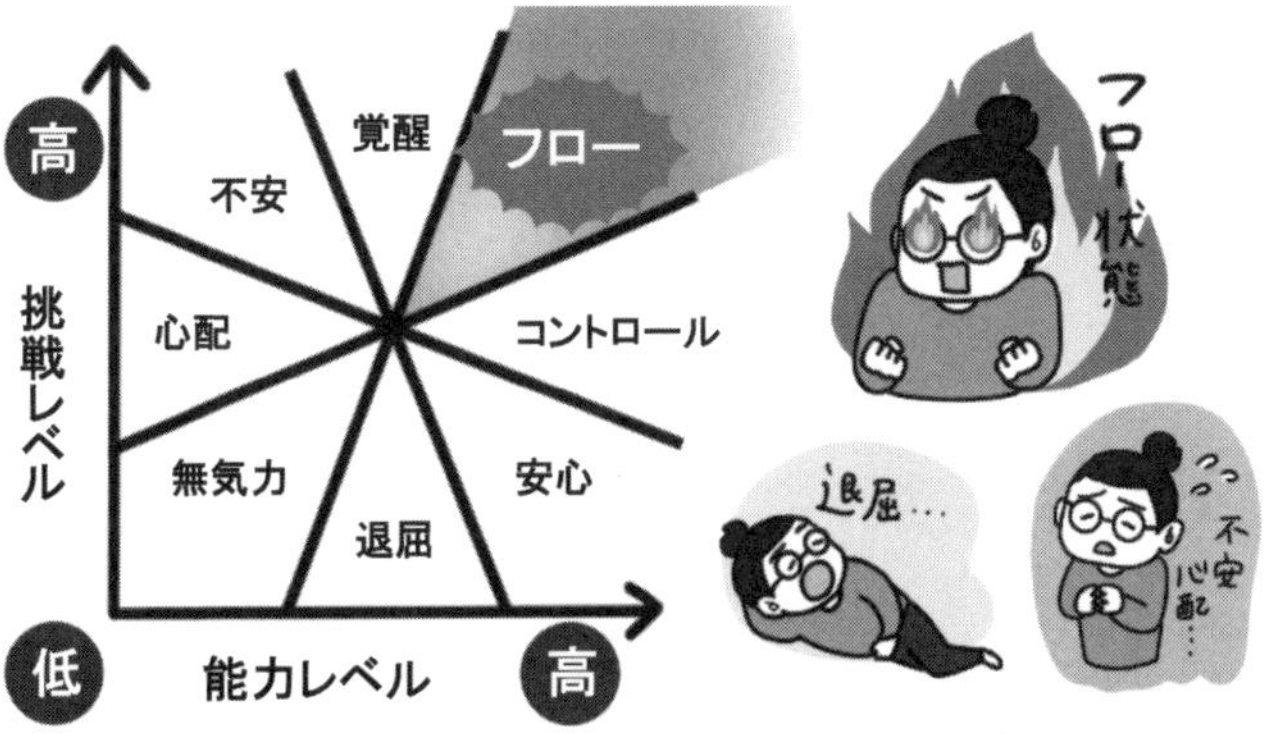

識が薄れ」「自己を超越した感覚」が訪れるといいます。

それは単なる没入以上の体験であり、私の言葉で言い換えるならば、「意識と無意識・過去と未来が交差する特別ないま」です。

つまりこの「座標」――「いま」という瞬間こそが、直観力が最も発揮される地点なのです。実際問題、私は一度しか体験したことがなく、まだまだ探求中のため仮説になってしまいますが……この座標では、おそらく私たちは、「自分が何かをしている」という意識が消え、行為そのものと完全に一体化している状態になる。自我という枠を超えて、私たちの純粋な創造性が解放される瞬間が訪れるはずです。

それは「行為そのもの・役割そのもの」になる瞬間なのかもしれません。自我・意識という枠を超えて、その行為と完全に一体化する。そこにこそ、真の「いま」があるのです。

では、どうすれば私たちはその座標に辿り着くことができるのか？

それが「直観力を磨く」こと。そして「いまという座標に向かう」こと。これらを同時に実践することです。

次章では、具体的な方法とワークを通じて、そのプロセスを一緒に歩んでいきたいと思います。

それは、過去の偉人たちの智慧を借り、無意識の力を味方につけ、そして何より、あなた自身の中にある答えと出会う旅となるはずです。

第6章

ほんとうの成功を手にする

これまでの章で私たちは、驚くべき事実に直面してきました。

第1章では、私たちの見ている「現実」は脳が創り出した幻想であり、心の中にある「思い」によって創られていることを見てきました。

第2章では、その「思い」が意志によるものではなく、無意識によって自動的に生み出されているという事実に直面しました。

第3章では、この無意識に刻まれた思い込み＝自己限定から解放される方法を探ってきました。

第4章では、時間の本質について掘り下げました。

第5章では、過去と未来が交わる「いま」という瞬間について考察しました。

これを踏まえて、結論からいっちゃいます。

私たちは「いま」という瞬間に向かって歩み続けています。すべての物事は、人生は、「いま」という一点に辿り着くためにある。

そして、「いま」に辿り着くには、本来の自分を取り戻すことが必要不可欠なのです。

第6章
ほんとうの成功を手にする

本章では、あなたの中に眠る才能を解放し、本来の自分を取り戻すための具体的な方法をお伝えします。

それは決して難しいことではありません。「紙に書く」というシンプルな行為によって、時空を超えてやってきた「思い」に重力を与え、現実化していく方法です。

過去の出来事を受け取ること（再解釈）、未来の記憶を思い出すこと、そしてそれを新たな「設定」として無意識になじませていくこと。これによって、「ほんとうの成功」に向かう行動が自然と湧き上がってくるようになります。

ここから、人生に本質的な変化をもたらす方法についてお伝えしていきます。ここでご紹介するワークが、あなたらしい欲求を満たしながら悔いのない人生を創る、大きな一歩になります。

直観力を高める5つの習慣

私たちの中に眠っている、時空を超えた叡智にアクセスする方法は、目に見えないものを感じ取る能力、「直観力」を使うことです。

『葬送のフリーレン』（小学館）という漫画・アニメをご存知でしょうか？　魔法使いのフリーレンはエルフで、千年以上の時を生きる存在です。彼女は、魔王討伐の旅へと誘ってくれた勇者ヒンメルの死をきっかけに、新しい仲間と共に「人の心」を知る旅に出ます。そして彼女は気づいていきます――人間の人生は短くて儚いけれど、その中に宿る思いは時を超えて受け継がれてゆくということを。

悠久の時を生きるエルフに比べると、人間は決断や成長の速度がとてつもなく速い。それは命の儚《はかな》さを自覚しているから。そして、先人たちが積み重ねてきたものを受け継ぎ、進化させるということをごく自然に行う。

私は『葬送のフリーレン』を観て、人間は「人類」として成長を続けていくひとつの生き物なのだと思いました。

何がいいたいのかというと、「私たちは目に見えない力をほとんど使えていない」ということです。

「死んだら人は無に還る」とか、「目に見えないものは信じない」など、物質主義的な考え方や、自我的な思考や論理に偏りすぎていては捉えることのできないものがあります。「情報」という言葉にしてしまうとそれだけではない気もします。

第5章「『いま』という無時間性」で紹介した棟方志功さんや坂本龍一さんの例から考えても、私たちの中にはまだ使えていないリソースが眠っているのは確かです。

そのリソースにアクセスする方法は「直観力」を使うこと。ここでは、あなたの中に眠る直観力を解放する方法をお伝えします。

1．遊び心を持つ

直観は、力みすぎると現れにくいものです。むしろ、リラックスした遊び心のある状態で、最高のひらめきが訪れます。

2023年、私は東京国立博物館で「横尾忠則　寒山百得」展を観ました。テーマとなった「寒山拾得《かんざんじっとく》」とは、中国の霊地・天台山を舞台にして生まれた伝説的な2人の人物、「寒山」と「拾得」のこと。2人は唐の時代の風変わりな僧として知られ、奇妙な笑いを浮かべながら、常人には理解できない言葉を発し、常軌を逸した振る舞いをする風狂の人物であったとされています。

横尾さんの絵からは、寒山拾得の物語に縛られない圧倒的な自由さが感じられました。それは、あらゆる執着や思い込みからの解放を表現していたのかもしれません。

鎌倉時代の一遍上人も「人生は修行ではなく遊行《ゆぎょう》だ」と説き、踊り念仏という創造的な形で教えを広めました。深い真理は、むしろ遊び心を持って生きる中で自然と見出されるのです。

寒山と拾得は実在の人物であったのかははっきりしていないが、彼らが作ったとされる詩がいまに遺っており、その常識にとらわれない生き方が、仏教では真理を目覚めさせる「散聖」とされ、特に禅の世界で尊ばれるようになった。

「人生は辛い修行の旅」と捉えれば、現実もその通りになります。
逆に「人生は遊びだ」と捉えることで、すべての出来事が新鮮な発見として映ります。

今日からできるスモールステップ

- **問題が起きたら「面白くなってきたじゃない！」**
- **失敗したら「人生は愉快な実験場、何でも試してみよう」**
- **困った出会いに「おぉなるほど、今度はそうきたか！」**
- **日常的に「ツイてる、ゆかいだなぁ、ありがとう」**

大切なのは結果を求めすぎないこと。遊ぶように楽しんでいれば、直観は自然と現れます。そして「これにはどんな意味があったのだろう？」と後から左脳で考え、あなたが現実的に求めているものや、在りたい姿、理想とつなげてみてください。

この繰り返しによって、解釈力と直観力がどんどん磨かれていきます。

２．アート・自然に触れる

直観力を磨くには、「左脳で理解できないもの」と積極的に関わることが重要です。

私は友人のアート展で興味深い体験をしました。イギリスで活躍している岩本幾久子《いわもといくこ》さんが、故郷の和歌山で個展を開催するというので仲間と一緒に行きました。彼女の作品を生で見たとき、正直にいえば、「ぜんぜん意味がわからない」と思ったんです。言語を司る左脳が解釈できなかった、といったほうが正しいかもしれません。とにかく「なんでこんな作品が生まれたのだろう」「え？　どうやって作ったの？」と理解できないことばかり。

しかし、その後に起きた不思議な会話では、地球環境の話から始まり、宇宙、ＵＦＯ、超常現象まで、誰もが心を開いて語り合える場が自然と生まれたのです。

これはまさに、右脳が活性化された証でしょう。アートは左脳の理解を超えた表現であり、それに触れることで右脳が刺激され、思い込みがつくり出した壁は崩壊するのです。

長崎にある「四次元パーラーあんでるせん」でも同じような体験をしました。ここは、全国から有名人・著名人が集まる、知る人ぞ知る場所。「マジック」という言葉で表現してはいけないと思わせる不思議なショーを見せてくれる場所です。マスターが何をやっているのか知りたくて手元を注意深く見ていても、何が起きているのかぜんぜんわからない。左脳がまったく解釈できないのです。感覚的には、左脳が出てこようとすると、モグラ叩きのようにバンバン叩かれる感じ。結局、最後まで混乱しっぱなしで、途中からはもう考えるのをやめて、その人間技とは思えない不思議なショーをただただ楽しんでいました。理解不能なショーに触れることで、思考・解釈を手放し、自然と楽しん

上：IKUKO IWAMOTO 個展
下：四次元パーラーあんでるせん

でいる状態になったのです。

私たちは普段、理解できるものばかりを選び、左脳優位な生活をしています。

『「自分だけの答え」が見つかる　13歳からのアート思考』（ダイヤモンド社）の著者・末永幸歩《すえながゆきほ》さんはいいます。

「じっと動かない1枚の絵すら『自分なりの答え』をつくれない人が、激動する現実世界で何かを生み出せるでしょうか？」

私たちは企画展の鑑賞やSNSでの情報収集を通じて、「自分で考えている気分」になっているだけなのかもしれません。ほんとうの「自分だけの見方」を失っている可能性があります。

今日からできるスモールステップ

●美術館やギャラリーで、理解できない作品と向き合う
●自分と違う視点を持つ人の話に心を開いて耳を傾ける
●散歩に出かけ、道端の草花をじっくり観察する
●自然の中（山、温泉、海など）に身を置き、その不思議さを感じる

●見知らぬ土地への旅で、新しい発見と出会いに心を開く

理解できないものとの出会いは、あなたの直観力を確実に高めてくれます。

3．利他の心を持つ

利他とは、言葉の通り「他を利すること」という意味です。

これにまつわる深い智慧は、東洋と西洋の思想に共通して見られます。仏教では最澄が「己を忘れて他を利するは慈悲の極みなり」と説き、空海は自利と利他は不可分だと示しました。西洋でも「合理的利他主義」として、他者への貢献が自己の発展をもたらすという考え方があります。

ではなぜ利他の心が直観力を高めるのでしょうか？

それは「思い」の2つの性質に関係します。

私たちの思いには、意識的なものと無意識的なものがあります。意識的な思いは「私」という自我から生まれ、経験を分析し智慧に変える力を持ちますが、たとえば「私が成功したい」「私が認められたい」というような枠に閉じこもりがちです。

一方、無意識的な思いは自我の制限から解放されており、他者と共鳴し、時空を超えた叡智とつながることができます。

誰もが経験したことがあるはずです——深い会話で互いの思いが響き合う瞬間、自然の中で感じる世界との一体感。そんなとき、私たちは無意識を通じて、より大きな自己とつながっているのです。

この無意識の力を引き出す具体的な方法として、経営コンサルタント・作家である神田昌典さんの「フューチャーマッピング」があります。この手法では、あなたが幸せになってほしい人が120％ハッピーになる未来をイメージするのですが、これによって、次の3つの効果が生まれます。

・物語創造で右脳のイメージ力が活性化される
・他者の幸せを考えることで自我から離れる（忘我）
・他者の物語が実は自分の本心を映し出す鏡となる

他者の幸せを思い描くとき、私たちの自我は小さくなり、より高く、より広い視点へと心が開かれていきます。

この利他の心こそが、直観力を磨く鍵となります。心が他者へ、広大な自己へと解放され、無意識の力を引き出すことができるのです。

今日からできるスモールステップ

- **道ですれ違った見知らぬ人の幸せを心の中で静かに祈る**
- **その人の喜ぶ顔を思い浮かべながら、大切な人へのプレゼントを選ぶ**
- **苦手な人や関係の難しい人に、心の中で「ありがとう」と伝える**
- **受け取る人の笑顔を想像しながら仕事に取り組む**

これらの小さな実践を重ねることで、あなたの心は少しずつ自我から離れ、開かれていきます。

4.「フロー」にチューニングする

「フロー」とは、心理学者のチクセントミハイが提唱した概念で、活動に完全に没入している状態のことです。このとき、全身の力がみなぎり、時間の感覚が変わり、自意識が消え、行為と意識が完全に一致する、という経験をします。

第5章で紹介しましたが、ボストン・セルティックスの伝説的選手、ビル・ラッセルは「目まぐるしい試合展開なのに、すべてがスローモーションのように見えた」と語っています。

この体験は文化や性別、人種、国籍に関係なく、世界中で報告されており、「ゾーンに入る」「ザ・ナウ」といった言葉でも表現され、以下のような特徴があります。

- 集中力が大いに高まる
- 高い能力が発揮できる
- 気分が高揚して前向きになる
- 達成感が味わえる
- 自己意識が薄れ、自己を超越したと感じられるフローが生まれる条件は、あなたの能力と挑戦のバランスです。挑戦が低すぎると退屈を感じ、高すぎると不安になります。しかし、高い挑戦とそれに見合う能力が出会うとき、素晴らしい体験が待っているのです。

また、特に重要なのは、活動それ自体を目的とすることです。結果や評価を気にしすぎると、左脳（自我）が働き、フローは起こりにくくなります。とにかく活動それ自体を目的とし、「いま、この瞬間」に意識を向けていく。すると、脳の前頭前野（自我の領域）の活動が低下し、直観が働きやすくなります。

今日からできるスモールステップ

- **朝5分だけ、足の裏の感覚に意識を向けながら歩いてみる**
- **飲み物を飲むとき、最初の3口だけ香りと温度に集中して味わう**
- **皿洗いを、ひとつずつ意識的に行う**
- **好きな活動を選び、目標を立てて、15分だけ結果を考えずに没頭する**

フロー状態に入ると、時間の進み方が普段とは違って感じられます。「マインドフル」な状態や「いまこの瞬間」に集中しているときは、脳が時間をゆっくり認識するようになることが研究で示されており、これがサインです。

スポーツ選手の「ゾーン」、禅の「無我の境地」、作曲家の「自動筆記」などなど、呼び方は様々ですが、これらはすべて同じ体験を指しているのかもしれません。

好きな活動の中でまずは簡単なものから始めて、少しずつチャレンジのレベルを上げていきましょう。きっと、あなたの中に眠る可能性が目覚めていくはずです。

5．ジャーナリング

私が一番オススメしたい習慣は「ジャーナリング」です。私の人生はジャーナリングによって劇的に変わりました。

よく「日記と何が違うの？」と聞かれますが、日記では、その日にあった具体的な出来事や自分の気持ちを考えながら書くのに対して、ジャーナリングは、「自分の頭に浮かんだことをありのまま書き出していく」手法です。とにかく浮かんだことを書き出していくのが特徴なのです。

ジャーナリングをすることで期待できる効果は実に多岐にわたります。まず、自分の心を整理し、感情を解放することでストレスや不安が軽減されます。さらに自分の行動パターンや考え方を振り返ることで自己理解が深まり、本来の欲求に気づきやすくなります。また、目標や夢を書き留めることで、それらを実現するための道筋が見えてくることも。

何よりの効果は、脳に余白ができることです。

朝、頭の中にある言葉や感情を紙やノートに書き出すことで、脳に余白ができ、落ち着いて余裕をもって一日をスタートすることができる。すると、左脳のおしゃべりな自我を客観的に眺めることができ、直観が働きやすくなり、純粋な欲求を満たすことにエネルギーを使えるようになります。

個人的な体験だが、ジャーナリングを後で見返したときに、思考を介していたら到底出てこないような言葉・表現が現れているときがある。「あぁ、私がほんとうにしたいのはこれだったのか」と気づくこともあるし、前日モヤモヤしたり傷ついたりしていた感情的な出来事について、つらつらと書いて、気づいたらスッキリしていたこともあるのだ。

ジャーナリング3つのポイント

❶ノートとペンを使う

この理由は、「手で考える」ためです。

イメージを司る右脳を駆使して仕事をしているデザイナーの思考プロセスを抽象化した「デザイン思考」というメソッドがあります。それによると、デザイナーは調査・分析や企画などの言語による思考ではなく「手を動かすこと＝プロトタイピング」から始める、というのです。「頭で考えた計画」ではなく、小さな子どもの粘土遊びと同じようにプランのないまま感じるままに手を動かし、そのプロセスの中でアウトプットに修正を加えていきます。

つまり「手で考えている」ということ。

言語的に考えるのではなく、とにかくまずは手を動かすことがイメージを司る右脳を刺激します。これが、ペンを使って紙に「書く」ことで直観力が高まる理由のひとつです。

最近のｉＰａｄの性能はかなりのものですが、それでも私はノートとペンでジャーナリングをすることをオススメしています。なぜなら、ノートとペンには独特の質感や書き心地、そして何より「限界のある空間」という特徴があるから。人間の脳は空間的な記憶を非常に重視しており、本でもノートでも「この厚みのこの辺にこんなことが書いてあった」という感じで情報と記憶を結びつけるのです。なので、何かの拍子に、ノートに書いた大事なことが無意識的に引き出されることが多くなります。

❷ 絶対に人に見せないと決める

これが最も大切なことかもしれません。なぜかというと、他人に見せる前提が少しでもあると、人によっては素直な表現ができなくなったり、手が止まって書けなくなったりすることがあるからです。

別に正しくなくても、見せたくない自分が現れていても、誰にも見られないんだからどうってことありません。

❸ 起きた直後に書く

起きた直後の脳は、直観が働きやすくなっているゴールデンタイムで

私自身、はじめて朝のジャーナリングの習慣化にチャレンジしたときは何度も手が止まってしまい、すごく時間がかかってしまい、辛くなってジャーナリングをやめてしまったことがあったが、「絶対に他人に見せない」という前提を持ったとたん、どんどん書く言葉が出てくる経験をしている。

す。誰にも邪魔されない朝の時間に、頭に浮かんでくることをノートに書き出すことで、瞑想をしたときのような静かな心を体験することができます。

ジャーナリングのやり方

●ノートとペンを用意する
●朝10分間、思いついたことを自由に書く
●手を止めない（詰まったら「何を書けばいいんだろう」と書く）
●思考せず、感じるままに

ジャーナリングに正しいも間違いもありません。ただただ、意識の流れを書き写せばいいだけです。文章でも単語でも、ときには絵でも、意味がわからない模様でもなんでもオーケーです。

重要なのは手を止めないこと。手に任せることを許して、書き続けてください。言葉や漢字が出てこなければ、波線を書いたり「わからない」と書く。とにかく何かを記してみてください。一番簡単なのは、頭に浮かん

だことを何でも書き出すこと。詰まったら「何を書けばいいんだ、何を書けばいいんだ」と書けばいい。直前に書いた言葉を繰り返しても、他のことでも何でもいいです。

また、朝起きた直後がベストですが、どうしても朝一番はできないという方は、落ち着いた時間に取り組んでみてください。

夢を見たのならその内容を書くのもいいです。夢には私たちの無意識・潜在意識が表れているといわれています。また、「問い」を立ててノートに書いてから眠りにつくのも面白いです。睡眠中は脳内で情報が整理されるので、情報と情報がつながり、朝起きた直後に問いの答えを思いつくことがあり、そのことをジャーナリングしてみるのもいいでしょう。

朝起きたら、思考をはさまずに、感じるままに書くこと。これだけで、あなたの無意識が、あなたらしい欲求が、現実世界に現れます。

1日10分間、あなたの心の中に眠っている言葉を解放してみませんか？

一番のポイントは、あなたが安心して、心の声を自由に書き出せる環境を作ること。

「書く」と現実化する理由

「書けば実現する」というような言葉をどこかで聞いたことがありませんか？　直観力を高める習慣として「ジャーナリング」をご紹介しましたが、「書く」という行為には、論理と直観をつなぎ「現実化」を促す力があります。

私たちの「思い」「イメージ」は重力の影響を受けていませんが、現実（物質）化されているものには例外なく重力が加わっています。

すべてのものは「思いによる創造」と「物質的な創造」という2段階を経て現実化しています。つまり、現実化するということは、「思い」に重力を与え、「いま」という時間に、この空間に、出現させるということです。

「思い」に重力を与える方法はめちゃくちゃ簡単。それは紙に「書く」こと。単純ですが、思いを言葉にして紙に書くということは、インクが紙にのるということです。この瞬間を、私は「思いに重力が与えられた瞬間」といいます。

書くことで、思いは最初の現実化を果たすということ。これによって、この現実世界に新たな「事実」が生まれ、その思いが実現する確率は間違いなく変わります。

思い・本心を声に出して伝えるのは苦手だという人は、誰にも見られないように書けばいい。

「書けば実現する」というのはそういうことです。

「いま」を決める

第4章でお伝えした通り、時間は未来から過去へと流れています。未来は、私たちが設定した「思い」によってあらかじめ決まっています。そして過去には、あなたが積み重ねてきた事実、先人たちが積み上げてきた事実が、たしかに存在している。

実は、**「いま」という瞬間だけが決まっていない**のです。

「いま」という瞬間は、意識よりも先に縁起的に決まっていきますが、「思い」の力を使ってその方向性をあらかじめ設定しておくことはできます。

ここから、第3章で取り組んだ過去を書き換えるワークの結果と、第4章で取り組んだ未来の記憶を思い出すワークの結果を使って、「いま」を設定していきましょう。

ワーク

過去と未来からの挟撃作戦

■このワークで得られる効果

○過去のネガティブな体験と未来の喜びの記憶をつなぎ、「いま」を確定できる
○あなたの生きる目的が明確になる
○自信を取り戻せる
○迷いが晴れていく
○行動への確信が得られる

■ワークの手順

❶A3用紙に263ページのフォーマットを作成し（コピー可）、「問い」の欄に以下を記入する。

「自由に生きている本来のわたしが、いまの私に求めていることは？」

ワークの名称は「過去と未来からの挟撃作戦」（クリストファー・ノーラン監督の映画『TENET』から着想）。難解な映画なので何回観ても意味がわからない部分があるが、私はこの映画から「過去と未来は決まっており、決まっていないのはいまだけだ」というメッセージを受け取った（観ていない方はぜひ観てほしい！）。

❷フォーマットの左側に以下を記入する。

○強く印象に残っているネガティブな体験3つ（事実）

○何のためにこれらの体験が必要だったのか？（解釈）

❸フォーマットの右側に以下を記入する。

○強く印象に残っている喜びの体験（事実）

○本来のわたしが味わいたい感情は？（解釈）

○本来のわたしの心の在り方は？（解釈）

❹フォーマットの中央に、以下の質問への答えを書き出す。

○いま持っているもの、感謝していることは？

○大切にしている価値観・世界観は？

○自由に生きているわたしの純粋な欲求は？

○悔いのない人生を創るためにこれからやるべきことは？

❺フォーマットの左（過去）・中央（いま）・右（未来）の各枠から、直観

的に重要と感じる言葉を3つずつ選び、キーワード欄に記入する。

❻最初に書いた問いを見返しながら、最も重要なキーワードを3つ選び、ポイント①②③に記入。それぞれのキーワードに対して新たに感じたことを書く。

❼キーワードを踏まえた結論を、言い切り口調で書く。

❽最後に声に出して唱える。

「本来のわたしが求めている『○○』をして自由に生きている自分を実現している自分を許そうっと！」（○○には結論を入れる）

■ワークの解説

このワークは、あなたの存在全体から創造された「思い」を紙の上に表現するものです。ここに書かれたものに間違いはありません。なぜなら、これはあなたの過去の経験と未来の記憶が交わって生まれた言葉だからです。自分の直観を信頼して、ぜひ行動に移してみてくださいね。

タイトル：　　名前・ニックネーム：　　日付：

問い	ポイント① ポイント② ポイント③
結論	

キーワード	キーワード	キーワード
【事実】強く印象に残っているネガティブな体験	◎いま持っているもの・感謝していること	【事実】強く印象に残っている喜びの体験
	◎大切にしている価値観・世界観	
【解釈】何のためにこれらの体験が必要だったのか？	◎自由に生きているわたしの純粋な欲求	【解釈】本来のわたしが味わいたい感情は？
	◎悔いのない人生を創るためにこれからやるべきこと	【解釈】本来のわたしの心の在り方は？

過去と未来からの挟撃作戦

あなたは思い通りの人生を生きている

人生の成功は、本来の自分を取り戻せるかどうかにかかっています。この肉体に与えられた時間の中で、自分にしかできない体験をし、自分にしか得られない情報を集め、自分だけのモノの見方を大切にし、自分なりの答えを紡ぎ出すこと。そして、それを表現していくこと。興味深いことに、AI技術の驚異的な発展によって、この時代は人類史上最も、個人の感性や体験、その表現が価値を持つ時代となっている。誰よりも自分らしくあること、誰よりも人間らしくあることを目指すことにこそ、価値がある時代に突入しています。

では、「本来の自分」はどこにあるのでしょうか？

それは、あなたが「遊び心」を持って生きているとき、アートや自然に触れて心を開いているとき、誰かの幸せを心から願っているとき、何かに夢中になっているとき――そのときに、自我が創り出していた壁が崩れ、過去と未来が交わる「いま」という座標に立っている「本来の自分」と出会うことになります。

遠い過去から受け継がれてきた記憶と、未来からの呼びかけの、その交差点に立つ私たちは、「この先、どんな思いを持って生きるのか」を設定する自由を持っています。

これは悟りを目指す物語でも、熱狂や興奮を無理矢理起こすための物語でもありません。完璧を求めるのではなく、妥協することを肯定するものでもない。外側から求められる価値観に依ることなく、あなたの存在全体が発する純粋な思いに従って生きる物語です。

あなたはこれまで、あなたの思いの通りに生きてきました。そして、これからほんとうの意味で「思い通りの人生」を「自由に生きる」物語が始まります。

おわりに

「理屈、リクツ、りくつ。すべて理屈」

長年勤めた会社を辞めて新しい世界に飛び込んだことを父に報告したとき、そういわれました。37歳の誕生日を間近に控えた、２０１６年の冬でした。

父はいまから約25年前に脳梗塞で倒れ、それ以来、ほぼ車椅子かベッドの上で生活しています。陽気で優しい父が、ひとりでは何もできず、言葉を発することもままならなくなったとき「こんなんで生きている意味なんてあるのだろうか……」と思ってしまったこともありました。

父はいまも、ベッドの上で生き続けています。会いに行くたびに私に力を与えてくれます。そんな父を、私は心から尊敬しています。

「すべて理屈なのである」

いまなら、「あのとき父が放った言葉は正しかった」と、心から納得できます。

「ぜんぶ無意識のせい。すべて後づけの理屈」

私にとってのこの深い納得は、理屈を突き詰めていったところにありました。

この本を書き始めたとき、私の中には「自由に生きたい」という強い思いがありました。でも、その過程で気づいたのは、私たち人間は本来、すでに自由なのだということでした。ただ、その真実に気づけないでいるだけだったのです。

情報があふれる現代社会において、私たちは手軽で即効性のある答えを求めがちです。ＳＮＳやＹｏｕＴｕｂｅで次々と新しい情報が更新され、それらを消費することに追われています。しかし、そうした表層的な情報の海に揺られているだけでは、ほんとうの意味での自由には辿り着けません。

いま、必要なのは「沈潜《ちんせん》」することだと私は思います。「沈潜」とは、作品を通して作者と一対一で対話すること、そして自分自身と対話すること。作品の本質に迫り、グッと自分の深い部分や心の奥底に沈んで潜っていく感覚のことです。

私たちは、知と心によって時空を超えて人とつながることができる存在です。

本の宇宙を漂い、過去の偉大な人格に触れれば、自らの心の深いところへと潜っていくことができる。知的好奇心は、表面的な理解を超えて、より深い真実へと私たちを導いてくれるのです。

私のYouTubeチャンネルを見て「紹介された本を読んでみました」というコメントをくださる方がいます。そんなとき、「共感」「自己効力感」「影響力」以上の、何ともいえない深い「喜び」が湧き上がってくる瞬間がありました。

それは、沈潜することで到達する「それぞれの自由」、人と人が影響し合って生まれる「自由な世界」、それらの鍵となる「知的好奇心」を、共に手にしていることへの「感動」だったのかもしれません。

私たち人間は「なぜ」「どうして」と問わずにはいられない存在です。その特性は時として苦しみをもたらすこともありますが、同時に、それこそが私たちを自由へと導いてもくれます。

この本は、人生に迷い、もがき苦しみ、理屈をこねくり回し続けたことで、「すべては自ずからに由るもの」という結論に辿り着いた、私の知的冒険の記録です。あなたもどうか、知的好奇心という光を頼りに、自由という果てしない宇宙へと飛び立ってみてください。

そこでは、私たちの理屈をはるかに超える驚きの体験が、きらめく星々と共にあなたを待っているはずです。

シンプリィライフ

第1章

ジェフ・ホーキンス 著、大田直子 訳『脳は世界をどう見ているのか 知能の謎を解く「1000の脳」理論』早川書房

リズワン・バーク 著、竹内薫 監訳、二木夢子 訳『われわれは仮想世界を生きている AI社会のその先の未来を描く「シミュレーション仮説」』徳間書店

佐藤航陽 著『世界2・0 メタバースの歩き方と創り方』幻冬舎

紺野大地・池谷裕二 著『脳と人工知能をつないだら、人間の能力はどこまで拡張できるのか 脳AI融合の最前線』講談社

妹尾武治 著『未来は決まっており、自分の意志など存在しない。 心理学的決定論』光文社

妹尾武治 著『僕という心理実験 うまくいかないのは、あなたのせいじゃない』光文社

マルクス・ガブリエル 著、清水一浩 訳『なぜ世界は存在しないのか』講談社

大栗博司 著『重力とは何か アインシュタインから超弦理論へ、宇宙の謎に迫る』幻冬舎

茂木健一郎 著『脳とクオリア なぜ脳に心が生まれるのか』講談社

野口嘉則 著『完全版 鏡の法則』サンマーク出版

喜多川泰 著『よくがんばりました。』サンマーク出版

橘玲 著『スピリチュアルズ「わたし」の謎』幻冬舎

河合隼雄 著『無意識の構造 改版』中央公論新社

第2章

永井孝尚 著『世界のエリートが学んでいる 教養書必読100冊を1冊にまとめてみた』KADOKAWA

池田和臣・山本真吾・山口明穂・和田利政 編、『旺文社 国語辞典 第十二版』旺文社

ジェームズ・アレン 著、坂本貢一 訳『「原因」と「結果」の法則』サンマーク出版

稲盛和夫 著『心。』サンマーク出版

ポール・D・マクリーン 著、法橋登 編訳『三つの脳の進化 新装版』工作舎

ジル・ボルト・テイラー 著、竹内薫 訳『WHOLE BRAIN(ホール・ブレイン) 心が軽くなる「脳」の動かし方』NHK出版

田坂広志 著『死は存在しない 最先端量子科学が示す新たな仮説』光文社

マイケル・S・ガザニガ 著、藤井留美 訳『〈わたし〉はどこにあるのか ガザニガ脳科学講義』紀伊國屋書店

妹尾武治 著『未来は決まっており、自分の意志など存在しない。 心理学的決定論』光文社

マーク・トウェイン 原作、大橋弘祐 企画・脚本、石原剛 監修、鷹巣☆ヒロキ 漫画、妹尾武治 特別寄稿『漫画 人間とは何か? 自己啓発の劇薬 マーク・トウェインの教え』文響社

西田幾多郎 著『善の研究』岩波文庫

橘玲 著『スピリチュアルズ「わたし」の謎』幻冬舎

ショーン・キャロル 著、塩原通緒 訳『量子力学の奥深くに隠されているもの コペンハーゲン解釈から多世界理論へ』青土社

劉慈欣 著、大森望・光吉さくら・ワンチャイ 翻訳、立原透耶 監修『三体』(早川書房)

佐々木閑 著『仏教は宇宙をどう見たか アビダルマ仏教の科学的世界観』化学同人

中島岳志 著『思いがけず利他』ミシマ社

鈴木敏昭 著『人生の99%は思い込み 支配された人生から脱却するための心理学』ダイヤモンド社

ブライアン・R・リトル 著、児島修 訳『自分の価値を最大にするハーバードの心理学講義』大和書房

第3章

入山章栄 著『世界標準の経営理論』ダイヤモンド社

高橋和巳 著『楽しく生きる 私には「会いたいもう一人の自分」がいる』三五館

さとうみつろう 著『0 Rei 上』サンマーク出版

田坂広志 著『人間を磨く 人間関係が好転する「こころの技法」』光文社

田坂広志 著『運気を磨く 心を浄化する三つの技法』光文社

刀根健 著『僕は、死なない。 全身末期がんから生還してわかった人生に奇跡を起こすサレンダーの法則』SBクリエイティブ

中島岳志 著『思いがけず利他』ミシマ社

船井幸雄 著『百匹目の猿 「思い」が世界を変える』サンマーク出版

ポール・ハルパーン 著、権田敦司 訳、福岡伸一 解説『シンクロニシティ 科学と非科学の間に』あさ出版
アントン・ツァイリンガー 著、大栗博司 監修、田沢恭子 訳『量子テレポーテーションのゆくえ 相対性理論から「情報」と「現実」の未来まで』早川書房
高橋政史 著『頭がいい人はなぜ、方眼ノートを使うのか?』かんき出版

第4章

カルロ・ロヴェッリ 著、冨永星 訳『時間は存在しない』NHK出版
クリストファー・ノーラン 監督『インターステラー』
リサ・ブローデリック 著、尼丁千津子 訳『限られた時間を超える方法』かんき出版
吉本ばなな 著『「違うこと」をしないこと』KADOKAWA
苫米地英人 著『気を整えて夢をかなえるリセット整理術』永岡書店
丸山俊一・NHK「欲望の時代の哲学」制作班 著『マルクス・ガブリエル 日本社会への問い 欲望の時代を哲学するIII』NHK出版
J・L・ボルヘス 著、木村榮一 訳『語るボルヘス 書物・不死性・時間ほか』岩波書店
岸見一郎 著、古賀史健 著『嫌われる勇気 自己啓発の源流「アドラー」の教え』ダイヤモンド社
梯谷幸司 著『自分のままで突き抜ける無意識の法則』大和書房
Testosterone 著、前野隆司 監修『幸福の達人 科学的に自分を幸せにする行動リスト50』ユーキャン学び出版自由国民社

第5章

ジム・アル=カリーリ&ジョンジョー・マクファデン 著、水谷淳 訳『量子力学で生命の謎を解く』SBクリエイティブ
クリストファー・ノーラン 監督『TENET テネット』
中島岳志 著『思いがけず利他』ミシマ社
河合隼雄 著『無意識の構造 改版』中央公論新社
田坂広志 著『直観を磨く 深く考える七つの技法』講談社
ジル・ボルト・テイラー 著、竹内薫 訳『WHOLE BRAIN(ホール・ブレイン) 心が軽くなる「脳」の動かし方』NHK出版
M・チクセントミハイ 著、大森弘 監訳『フロー体験入門 楽しみと創造の心理学』世界思想社

第6章

山田鐘人 著、アベツカサ 著『葬送のフリーレン』小学館
「横尾忠則 寒山百得」展
「発展型の陶芸〜岩本幾久子個展」展
末永幸歩 著『「自分だけの答え」が見つかる 13歳からのアート思考』ダイヤモンド社
神田昌典 著『ストーリー思考「フューチャーマッピング」で隠れた才能が目覚める』ダイヤモンド社
ジュリア・キャメロン&エマ・ライブリー 著、菅靖彦 訳『いくつになっても、「ずっとやりたかったこと」をやりなさい。』サンマーク出版
古川武士 著『書く瞑想 1日15分、紙に書き出すと頭と心が整理される』ダイヤモンド社
佐宗邦威 著『直感と論理をつなぐ思考法 VISION DRIVEN』ダイヤモンド社

シンプリィライフ

安定が約束された会社を退職し、脱サラ起業するも失敗。借金を抱え、古本屋でのアルバイトから人生リスタート。日々数万冊の本が行き交う場所で仕事をし、広大な知の宇宙を漂いながらさまざまなジャンルの本を読みあさる。そしてついに「無意識が現実化する」仕組みを論理的に紐解き、その世界観をインストールすることに成功。超平凡ダメダメサラリーマンから登録者15万人超を抱えるYouTuberになり、幸せとほんとうの自由を手に入れる確かな方法を発信中。

YouTube:「シンプリィライフ」@simpleeelife

ぜんぶ無《む》意《い》識《しき》のせい。

こんがらがった人生《じんせい》をシンプルな線《せん》にする知《ち》のレシピ

2025年3月21日　初版発行

著／シンプリィライフ
発行者／山下　直久
発行／株式会社KADOKAWA
〒102-8177　東京都千代田区富士見2-13-3
電話0570-002-301（ナビダイヤル）
印刷所／TOPPANクロレ株式会社
製本所／TOPPANクロレ株式会社

●お問い合わせ
https://www.kadokawa.co.jp/（「お問い合わせ」へお進みください）
※内容によっては、お答えできない場合があります。
※サポートは日本国内のみとさせていただきます。
※Japanese text only

定価はカバーに表示してあります。

ISBN 978-4-04-607402-7 C0095